回
　　　到
分
　歧
　　　的
路
口

校园欺凌

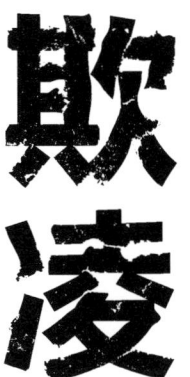

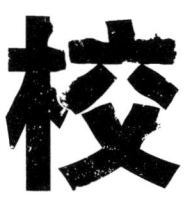

[挪]
丹·奥维尤斯 著
张文新 译

—

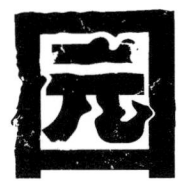

我们了解什么，我们能做什么？

WHAT WE KNOW AND WHAT WE CAN DO

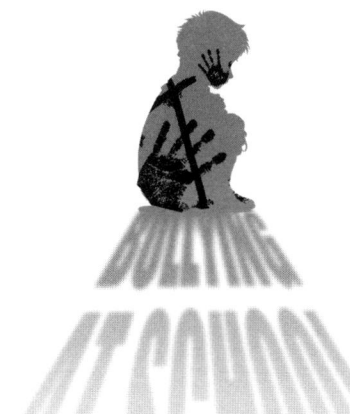

中信出版集团 | 北京

图书在版编目（CIP）数据

校园欺凌：我们了解什么，我们能做什么？/（挪）丹·奥维尤斯著；张文新译 . -- 北京：中信出版社，2024.4

书名原文：Bullying at school : what we know and what we can do

ISBN 978-7-5217-6357-7

Ⅰ.①校… Ⅱ.①丹…②张… Ⅲ.①校园－暴力行为－预防 Ⅳ.① G474

中国国家版本馆 CIP 数据核字（2024）第 043155 号

BULLYING AT SCHOOL: WHAT WE KNOW AND WHAT WE CAN DO by DAN OLWEUS
Copyright © 1991 (Liber AB), in part based on the book by the same title from 1986 BY DAN OLWEUS,1993
This edition arranged with Estate of Dan Olweus through BIG APPLE AGENCY, LABUAN, MALAYSIA.
Simplified Chinese edition copyright © 2024 CITIC Press Corporation
All rights reserved.
本书仅限中国大陆地区发行销售

校园欺凌——我们了解什么，我们能做什么？
著者：　[挪]丹·奥维尤斯
译者：　张文新
出版发行：中信出版集团股份有限公司
　　　　（北京市朝阳区东三环北路 27 号嘉铭中心　邮编　100020）
承印者：　嘉业印刷（天津）有限公司

开本：880mm×1230mm 1/32　　印张：5.5　　字数：120 千字
版次：2024 年 4 月第 1 版　　　　印次：2024 年 4 月第 1 次印刷
京权图字：01-2024-0272　　　　　书号：ISBN 978-7-5217-6357-7
　　　　　　　　　　　　　　　　定价：49.80 元

版权所有·侵权必究
如有印刷、装订问题，本公司负责调换。
服务热线：400-600-8099
投稿邮箱：author@citicpub.com

读这本书，

为了更好地守护我们的孩子

目 录

导读   I

前言   IX

引言   XIII

第一章   关于欺凌，我们知道什么？   1

当一个学生在一段时间内，反复受到一个或多个学生的消极行为对待时，他/她就是被欺凌了。

第二章   对于欺凌，我们能做什么？   61

成年人的意识和参与，
极大程度地决定了校园欺凌事件的走向。

第三章   干预项目的效果   111

建立科学认知，掌握有效方法，
更好地守护我们的孩子。

第四章   其他实用建议和核心措施   123

核心措施十分重要，
是根据已有研究提炼出的最佳建议。

结语   133

致谢   135

注释   137

参考文献   142

导读

张文新教授

- 2020年11月,广西柳州,一小学生跪在地上被一群男生用脚猛踹,衣兜里还被放入鞭炮,被欺凌的男生无助地哭喊。
- 2022年5月,河南平顶山,一小学生家长称,孩子就读三年级,遭受校园暴力,双眼周围青一块紫一块。
- 2022年11月,四川绵阳,一名身穿校服的女生被三名女生殴打。
- 2023年7月,山西介休,一男孩受到几个孩子欺凌,警方介入。
- 2023年9月,重庆酉阳,一中学女生被其他女生欺负,遭受殴打。

……

校园欺凌是发生于学生群体中的以大欺小、恃强凌弱、以众欺寡的现象。校园欺凌的发生率较高。在全世界范围内,

32.4%的儿童和青少年曾遭受欺凌。我在1998年和2020年对我国两万余名中小学生的两次调查显示，约19%~24.3%的中小学生曾卷入欺凌事件，其中14.9%~20.4%的学生遭受他人欺凌，0.7%~2.5%的学生对他人实施欺凌，1.6%~2.2%的学生既是欺凌者又遭受他人欺凌。校园欺凌给卷入其中的中小学生带来诸多伤害，使他们产生焦虑、恐惧、抑郁等情绪问题，并出现攻击、违纪乃至违法犯罪等行为问题，甚至自伤、自杀，不利于中小学生的健康发展与适应。尤其是受欺凌的孩子往往不愿或不敢把这种可怕的经历告诉教师或家长，教师、家长面对欺凌问题时，也缺乏恰当的应对策略。这使得受欺凌的孩子只能默默承受欺凌带来的痛苦。校园欺凌也被称为"沉默的噩梦"。

本书作者、挪威学者丹·奥维尤斯（Dan Olweus，1931—2020）是国际校园欺凌研究领域的开拓者。1969年，他于斯德哥尔摩大学获得博士学位，随后在挪威卑尔根大学任心理学教授（1970—1995）、研究教授（1996—2010），2010—2016年任职于儿童青少年心理健康与儿童福利区域中心，2019年起任职于挪威卑尔根大学健康促进与发展系直至2020年逝世。

1970年，奥维尤斯以瑞典斯德哥尔摩索尔纳地区的大约900名男孩为研究对象，开展了全球首个关于欺凌的科学研究。

1982年，挪威3名青少年因遭受欺凌自杀，这一事件促使挪威政府开始了世界上首次全国性质的反欺凌运动。在此期间，奥维尤斯教授研发了享誉世界的"奥维尤斯欺凌问卷"和"奥维尤斯校园欺凌预防干预项目"，前者至今仍是评估校园欺凌的权威工具，后者则是世界上第一个系统性的校园欺凌干预项目。

1983—1985年对挪威卑尔根地区2 500多名学生的评估表明，奥维尤斯的干预方案能够显著降低欺凌、受欺凌事件的发生率。此后，在挪威政府支持下，干预项目在挪威500多所中小学推广应用，在降低校园欺凌、受欺凌事件方面持续发挥作用。奥维尤斯因其对儿童青少年公共健康和公共政策的杰出贡献被授予北欧公共卫生奖（2002年）、儿童公共政策杰出贡献奖（儿童发展研究学会，2003年）、推动国际心理学进步杰出贡献奖（美国心理学会，2011年）、公共政策研究杰出贡献奖（美国心理学会，2012年）等荣誉。

20世纪80年代，奥维尤斯关于校园欺凌的科学研究及挪威的全国性反欺凌运动最先影响到了斯堪的纳维亚半岛的瑞典、芬兰，随后英国、加拿大、比利时也开启了校园欺凌研究和大规模的校园欺凌防治行动。20世纪90年代，澳大利亚、新西兰、美国等国家的学者先后开始关注校园欺凌问题。进入21世纪后，校园欺凌成为广受关注的世界性公共健康问题。联合国教科文组织将每年11月的首个星期四定为"反校园暴力与欺凌国际日",发布了《校园暴力和欺凌：全球现状和趋势、动因和后果》(2018年)、《数字背后：终结校园暴力与欺凌》(2019年)等全球校园欺凌监测报告。世界卫生组织每四年对欧洲、北美48个国家和地区的11~15岁儿童进行校园欺凌与暴力调查,并发布相关数据。2017年,来自各国的欺凌问题研究者和反欺凌工作实践者成立了世界反欺凌论坛(World Anti-Bullying Forum),该论坛每两年举办一次会议,成为世界各地研究者、政策制定者分享欺凌问题及其相关防治知识经验的主要国际平台,推动了国际欺凌防治实践和学术交流。

2016年以来,校园欺凌问题开始在我国得到关注。教育部、最高人民法院、最高人民检察院、公安部等九部委联合下发《关于防治中小学生欺凌和暴力的指导意见》,此后陆续出台《加强中小学生欺凌综合治理方案》等多个文件。2020年,全国人大修订《中华人民共和国未成年人保护法》和《中华人民共和国预防未成年人犯罪法》,增加对校园欺凌防治的具体规定,显示国家对校园欺凌防治的高度重视和决心。

20世纪90年代末,我在国内最早开始校园欺凌研究。1998年,我翻译修订了奥维尤斯的"欺凌者/受欺凌者调查问卷",随后考察了我国校园欺凌的本质内涵、发生率、危害、成因与机制,开展了首个校园欺凌预防与干预试验。2017年,教育部针对校园欺凌防治问题,设立了哲学社会科学研究重大课题攻关项目"预防和治理中小学校园欺凌对策研究",希望依托科研力量,研发适合我国中小学生的校园欺凌科学防治方案。我作为首席科学家,领衔承担这项重大课题,带领团体研发了中国3H校园欺凌预防干预方案(3H方案)。"3H"是指健康的校园氛围(healthy school climate)、健康的人际关系(healthy relationship)和健康的发展结果(healthy developmental outcomes),是这套方案的宗旨。中小学校应用3H方案1~1.5学年后,欺凌发生率下降25.35%~72.76%,受欺凌发生率下降48.86%~71.23%,学生的社会交往技能、情绪能力增强。这表明,采用科学的方法,能够有效降低我国中小学中欺凌、受欺凌现象的发生率,消除其危害,促进学生健康成长。

本书英文版于1994年出版,是奥维尤斯教授在欺凌领域研究工作的总结与反思,内容涵盖欺凌的定义、类型、发生特点和影响因素(第一章),以及奥维尤斯欺凌预防干预项目的内容和效果检验(第二、三、四章)。本书是校园欺凌领域里程碑式的著作,目前已至少被翻译为26种文字,我本人很荣幸受邀翻译本书。尽管写作年代久远,但本书对于开展校园欺凌研究、实施预防干预仍有重要启示与借鉴意义。

全书分为四章。第一章介绍了校园欺凌的定义、类型、发生特点和影响因素。在这一部分，奥维尤斯阐释了欺凌的核心特征，并提出了一系列重要研究问题，如典型欺凌者、受欺凌者的特征以及影响欺凌问题的教养环境和群体机制等。这些关于校园欺凌的基础研究发现，为制定校园欺凌预防干预策略奠定了基础。比如，奥维尤斯发现，"课间休息时间的相对'教师数量'与欺凌问题的数量之间存在明显的负相关。"（第23页），基于此，校园欺凌干预方案相应加入教师监督这一重要策略（第72页）。

第二章介绍了奥维尤斯的校园欺凌干预项目。奥维尤斯强调要基于学校开展校园欺凌防治，通过全校性策略预防欺凌事件的发生。具体而言，校园欺凌预防干预从学校、班级、个体三个层面推行。学校层面的策略面向全体学生，旨在培养学生的反欺凌态度，降低欺凌、受欺凌事件的发生率；班级层面的策略通过召开班会、制定班规等措施，规范学生行为，促进学生间积极的同伴互动；个体层面的策略旨在通过与欺凌者、受欺凌者进行谈话等方式，终止欺凌事件。奥维尤斯的项目不仅在挪威本土成功推行，还在美国、芬兰等多个国家产生了广泛影响，奠定了后续反欺凌项目的基本范式。

第三章介绍了干预项目的效果和基本原则。从数据上看，奥维尤斯的项目成效显著，欺凌问题减少了超过50%，学校氛围显著改善，并且教师高度认可该项目。奥维尤斯还明确了校园欺凌预防干预的基本原则，即在家庭、学校中，成年人要为孩子营造温暖的环境，同时建立起基本的规则，采用非敌意、非体罚的手段应对孩子的不良行为。

第四章中，奥维尤斯总结概述了反欺凌项目的核心组成部分。这既包含针对欺凌、受欺凌问题的预防干预策略，比如对学生的监督，班规和班会，与欺凌者、受欺凌者进行谈话；也包含保证项目实施与质量的要素，比如校长的支持、反欺凌协调委员会的设立等。

丹·奥维尤斯教授是我敬重的世界校园欺凌研究和反欺凌实践的开拓者和奠基者。他的理论学说和研发的干预方案深刻影响着国际上该领域的学术研究和防治实践，我本人过去20多年校园欺凌领域的学术工作也从中受益良多。将奥维尤斯教授最重要的学术著作呈现给中文读者，并借此助力我国校园欺凌防治，为我提供了一个表达敬意的宝贵机会。对于本书的翻译，我非常慎重，但疏漏、误译、欠妥之处，仍难以避免，诚恳希望广大读者给予批评指正，也希望读者在本书中有所收获，共同为我国校园欺凌防治贡献力量。

前言

彼得·莫蒂莫尔教授
伦敦大学教育学院

欺凌并不是一个新问题，亦不为某个国家或地区所独有，相较而言，人们对欺凌的发生特点却所知甚少（它的发生率是在增加还是减少，它是否更常发生在城市地区而不是农村，是否更容易出现在大学校而非小型校园，是否更常出现在男孩而非女孩之中），更难以识别潜在的欺凌者和受欺凌者，以及最重要的，我们可以对此做些什么。所有这些问题——以及其他更多的问题，都在奥维尤斯教授这本清晰易读的学术性著作中得到了解答。

在本书中，作者详细地介绍了他在过去十年*间所进行的调查和干预项目，这些工作是由挪威政府主导的全国反欺凌运动的一部分。他的样本庞大（囊括了挪威同一年龄段近四分之一的学生），这为理解欺凌行为的性质和发生特点并提出改善欺凌问题的建议奠定了基础。翔实的数据为一些传统观点提供了支撑，也打破了许多存在已久的、对于欺凌者和受欺凌者的谬见假想。此外，基于这些数据，奥维尤斯提供了识别欺凌者与受欺凌者行为模式及其他特征的指南，有助于识别潜在的欺凌者和受欺凌者。

本书的核心是作者对上述干预项目的介绍——对于欺凌，我们能做什么。该项目的目标是：

- 减少或消除直接欺凌（公开的肢体或言语攻击等）和间接欺凌（社交孤立、削弱自信等）；
- 让学生在学校建立更好的同伴关系；
- 创造条件，帮助欺凌者和受欺凌者在校内校外都有更好的表现。

---

* 此篇前言写于1992年，这里指的是作者于1983至1992年间进行的研究项目。（本书注释若无特殊说明，均为编者注。）

这一研究不仅孕育出了这本引人入胜的著作，而且为后续实践行动提供了宝贵建议和令人振奋的结论。

奥维尤斯提出的干预措施适用于多个维度——学校、班级、欺凌者、受欺凌者及家长。许多策略都与学校效能*及其改进的研究相关，这些研究强调了全校共有的价值观、一致的应对方式、共识性的政策、长期行动计划和家长参与的重要性。

研究结果令人振奋，干预项目使直接和间接的欺凌情况显著减少。此外，该项目不仅保护了在校学生免受欺凌，还确保了反社会行为不致蔓延到学校之外。这项研究对家长也有好处，它有效地减少了学生相关的反社会行为（如故意破坏或损坏财物）；对教师来说，学校氛围得到了明显的改善。这些益处是持续的，而且随着时间的推移，效果会越来越好。这项细致工作的实证结果，以及本书最后一章给出的建议，都为那些致力于降低欺凌发生率或试图应对其消极影响的人，提供了宝贵的思路。

多年来，奥维尤斯教授一直在斯堪的纳维亚地区进行有关欺凌问题的细致的纵向研究。本书为政策制定者和教育工作者提供了一个极好的机会，共享奥维尤斯教授精心研究的学术

---

* 学校效能：学校发挥某些积极作用的能力及其实际结果。

成果。正如他在结语中所说，我们现在已经有了对欺凌的认识——我们需要的，是对这个给太多孩子造成了痛苦（甚至在极端情况下自杀）的问题采取行动的决心。为了孩子，这本书值得被广泛阅读。

引言

校园欺凌无疑是一种由来已久的现象。文学作品中就有某些孩子经常受到其他孩子有组织地骚扰和攻击的情节,许多成年人在学生时代也有过这样的经历。尽管许多人都知道"欺凌问题"*,但直到20世纪70年代初,相关人士才开始对其进行系统研究[1],且在很长一段时间内,这些研究主要集中于斯堪的纳维亚半岛。不过,到了20世纪80年代末和90年代初,在日本、英国、荷兰、加拿大、美国、澳大利亚等国家和地区,校园欺凌也逐渐受到一些公众和研究领域的关注。

---

* 为方便阅读,本书将原文中的"欺凌 / 被欺凌问题"(bully/victim problem)统一译作"欺凌问题"。

·历史缩影

20 世纪 60 年代末至 70 年代初,瑞典最先兴起了一场对于欺凌问题的社会关注与讨论[2],并迅速蔓延到斯堪的纳维亚半岛上的其他国家。

在挪威,欺凌问题一直受到大众媒体、教师和家长的普遍关注,但学校管理机构起初并未正式参与其中。直到 1982 年末,情况发生了显著变化,一家报纸报道,挪威北部有三个 10~14 岁的男孩自杀,他们生前很可能遭受过同龄人的严重欺凌。这一事件在大众媒体和公众中引发了相当严重的不安情绪和紧张氛围,后续还引发了一系列反应。最终,挪威教育部于 1983 年秋季发起了一场全国性的中小学(1~9 年级)反欺凌运动。

·本书大纲

以下简介为后文提供了大致的背景介绍。本书分为四章:

第一章概述了在校学生中存在的已知欺凌问题。这一部分的目的并非展现欺凌问题的全貌,主要是介绍由我负责的四个研究项目[3],其中一项纵向的或者说追踪性的研究,对象是约

900名来自瑞典斯德哥尔摩的男生。这项研究始于20世纪70年代初，目前仍在继续*。此外，这一章还将全面介绍我在反欺凌运动中进行的三项大规模研究。

第二章详细介绍了我参与推进的反欺凌运动相关干预项目。它提供了在学校、班级和学生日常交往中，解决和应对欺凌问题的措施。

第三章总结了干预项目的积极成果。该项目曾在挪威卑尔根市的42所学校中进行过为期两年的试验。这一部分还介绍了指导干预项目的一些关键性原则。

第四章为特定学校践行反欺凌项目提供了一些（额外的）实用建议。此外，更重要的是，这部分具体阐释了一系列"核心方案"，即对于该项目的所有实践活动来说，都非常重要的一组措施。

本书还包含一份"欺凌者与受欺凌者的识别指南"。其中列出了一些"征兆"和"一般特征"，可以帮助教师和家长识别出受欺凌的或欺凌同伴的孩子。

从讨论"欺凌"一词的含义开篇是合适的，不过在此之前，我会先展示一些来自媒体的报道。

---

* 这是原书出版时的情况。目前这项研究已结束。

第一章
关于欺凌,我们知道什么?

当一个学生在一段时间内，

反复受到一个或多个学生的消极行为对待时，

他/她就是被欺凌了。

来自媒体的报道（有改动）

约翰尼，一个安静的13岁男孩，在长达两年的时间里一直是某些同学的取乐对象。这些孩子缠着约翰尼要钱，强迫他吞下杂草，逼他喝掺有洗涤剂的牛奶，在休息室殴打他。他们还用绳子套住他的脖子拽来拽去，把他当作"宠物"。当欺凌约翰尼的人被讯问为什么要这样做时，他们说，追赶受害者是因为"这很有趣"。

在阿文河岸的滨海威斯顿地区，10岁的萨拉经常被两个调皮的女孩嘲弄，只因为萨拉不愿意和她们一起在课堂上捣乱。她们给萨拉起绰号，用拳头威胁她，并让班上的其他人一起孤立她。"我以前很喜欢上学，"萨拉不知所措地说，"但现在我讨厌上学。"

12岁的琳达被同班同学欺凌，因为这些人认为她"太时髦了"。后来琳达似乎和班上的另一个女孩交上了朋友，她们总是一起玩耍。欺凌小团伙的头目开始使用一些手段破坏这段友谊，并最终成功孤立了琳达。后来，欺凌团伙中的一个女孩假装鼓励琳达在家举办派对，然后不准任何人参加。就这样，琳达的自信被彻底摧毁了。

一个叫菲利普·C 的男生甚至被欺凌致死——他在不断受到三个同学的威胁、推搡和羞辱后，上吊自杀。在一场重要考试的前几天，这个害羞的 16 岁男孩的准考证被偷了，这让他再也无法忍受。由于害怕告诉父母，菲利普选择了死亡。放学回家后，他将一根绳子悬在卧室的门上自缢身亡。

·欺凌意味着什么？

在斯堪的纳维亚语中，用来表示欺凌（bullying）或欺凌问题（bully/victim problems）的词是"mobbing"（挪威、丹麦）或"mobbning"（瑞典、芬兰）。这个词有几种不同的含义和隐含意义。英文词干"mob"通常指一大群不具名的人对他人实施的侵扰[4]，但它也常被拿来形容一个人挑衅、骚扰或纠缠另一个人的行为。尽管从语言学的角度来看，后面这种用法不够恰当，但我认为，将一个人侵扰另一个人和整个群体参与侵扰的情况都包括在"欺凌"的概念中是很重要的。我在卑尔根的研究中收集到的数据显示，相当一部分受欺凌者（约35%~40%）是被单个学生欺凌的。人们会自然而然地将来自单个学生和群体的欺凌视为密切相关的现象，尽管它们之间可能存在一些差异。在一些情况下，我们可以合理地认为，来自多个同龄人的欺凌行为会给受欺凌者带来更大的伤害。

我对"欺凌"所做的一般定义如下：**当一个学生在一段时间内，反复受到一个或多个学生的消极行为对待时，他/她就是被欺凌了**[5]。

我们必须进一步明确"消极行为"的含义。消极行为是指，有人故意或试图逼迫、伤害他人或让他人感到不适——

这就是"攻击性行为"的基本定义[6]。消极行为可以通过语言（口头）表达来实现，例如威胁、嘲弄、取笑和辱骂；或者通过身体接触，诸如打、推、踢、掐或束缚他人；也可以在不使用语言或身体接触的情况下进行，例如做鬼脸或比出不雅的手势、故意在群体中排挤某人或拒绝依从他人意愿。

尽管在某些情况下，单次严重的侵扰也可以被视为欺凌，但上述定义仍强调了"在一段时间内反复发生"的消极行为，意在排除那些在某一场合指向一个学生、在另一场合指向另一学生的偶发的、不严重的消极行为。

欺凌行为可以由一个人或一个团体实施。欺凌的目标也可以是单个人或者一个群体。在校园欺凌的语境下，欺凌行为的目标通常是单个学生。我在卑尔根的研究数据表明，在大多数情况下，被欺凌者会受到由两至三名学生组成的小团体的侵扰。

必须强调的是，"欺凌"一词不能（或不应）用于描述两个力量（生理或心理力量）大致相等的学生之间的打架或争吵。使用这一术语时，应该存在力量上不平衡（不对等的权力关系）的情况——遭受消极行为的学生很难进行自我保护，在对抗侵扰自己的学生时会感到无能为力。

区分直接欺凌（相对公开地攻击受欺凌者）和间接欺凌

（采用孤立与故意排挤的形式）是有必要的。重要的是，要关注后面一种不太明显的欺凌形式。

在本书中，"欺凌现象"（bullying）、"受欺凌现象"（victimization）和"欺凌问题"（bully/victim problems）这三个词的含义大致相同。

关于欺凌问题的案例和特点，另见本书"亨利和罗杰，受欺凌者和欺凌者的画像"（第48页）和"受欺凌者的潜在征兆"（第52页）。

·关于近期研究的一些信息

最近在挪威（和瑞典，下同）进行的大规模研究，使用了我在全国反欺凌运动中研发的"欺凌者/受欺凌者问卷"，作为数据收集的基本途径。该问卷有两个版本，一个适用于1~4年级学生，另一个适用于5~9年级及更高年级的学生。问卷由学生匿名填写，可由教师进行测评。该问卷与以往关于欺凌问题的问卷有所不同：

- 提供了欺凌的"定义"，以便学生清楚地知道他们要如何作答；

- 指向特定的时间段（"参考时限"）；
- 一些选项相当具体，例如"大约每周一次""每周几次"，这与"经常""频繁"等更主观的表述不同；
- 询问学生感知到的他人对欺凌的反应，即同伴、教师和家长的反应与态度。

在全国反欺凌运动中，挪威所有中小学都受邀进行了问卷调查，估计约85%的适龄学生最终参与了调查。为了进一步分析，我从大约830所学校中选择代表性样本，从其中715所学校获得了有效数据，包括来自挪威各地的约1.3万名学生。这些样本占该年龄段学生（约8~16岁；一年级学生没有参加，因为他们没有足够的读写能力完成问卷）总人数的近四分之一。这组数据很好地估测了在不同性质的学校、不同的年级以及男生和女生群体中，欺凌问题的发生频率。

在同一学年，我使用同样的问卷，对瑞典三个城市（哥德堡、马尔默和韦斯特罗斯，人口从12万到42万不等）的1.7万名3~9年级学生进行了一项平行研究。该研究的目的，是将这三个城市的数据与三个规模相当的挪威城市（挪威最大的三个城市：奥斯陆、卑尔根和特隆赫姆）的数据进行比较。

为了更详细地了解欺凌问题的相关机制以及干预项目可能

产生的影响，我还在卑尔根开展了一项特别研究。这项研究（后文简称卑尔根研究）的对象包括28所小学和14所初中的2500名男女生，他们来自四个连续的年级（4~7年级，年龄10~15岁不等）。此外，我们还收集了三四百名教师、校长和约1 000名家长的数据资料。在两年半的时间里，我们分别在几个时间节点完成了数据收集。

·7名学生中就有1人

根据全国范围的调查，我们可以估算出大约有84 000名学生，即挪威中小学生总数的15%（1983—1984学年共有568 000名在校生），会"不时"或更频繁地卷入欺凌事件，成为欺凌者或受欺凌者（截至1983年秋）。这个比例也意味着全国每7名学生中就有1人遭受或参与过欺凌，其中，约52 000名学生（9%）是受欺凌者，41 000名学生（7%）会时不时地欺凌他人。约9 000名学生既是受欺凌者又是欺凌者（占挪威中小学生总数的1.6%，占受欺凌者总数的17%）。

在计算上面的百分比时，我将"时不时"作为一个分界点：如果一个学生称自己会"时不时"乃至更频繁地受到欺凌或欺凌他人，那么他就会被界定为受欺凌者或欺凌者。

阜尔根研究的分析数据表明，把"时不时"作为分界点是有充分理由的。但是，我们也有必要估算那些曾被卷入更严重欺凌事件的学生人数。我们发现，在挪威，大约有略多于3%的学生（即18 000人），受欺凌的频率达到了"大约一周一次"或更高；而欺凌他人的学生占比略低于2%，即10 000人。依照上述分界点，只有1 000名学生既是欺凌者又是受欺凌者（占全国学生总数的0.2%、受欺凌学生总数的6%）。因此，挪威的中小学共有约27 000名学生（5%）作为受欺凌者或欺凌者卷入了严重的欺凌事件——大约每20名学生中就有1人。

对大约90个班级的相应教师进行的平行教师提名[*7]表明，报告的结果并未夸大欺凌问题的发生频率。考虑到问卷只要求学生（以及教师）报告了部分秋季学期的情况，很明显，这些数据实际上低估了一整个学年中遭遇此类问题的学生占比。

在这样的背景下，欺凌现象可以说在挪威学校中相当普遍，是一个影响到了众多学生的严重问题。

来自其他国家，如瑞典[8]、芬兰[9]、英国[10]、美国[11]、加拿大[12]、荷兰[13]、日本[14]、爱尔兰[15]、西班牙[16]和澳大利亚[17]的数据表明，欺凌问题在挪威以外的国家和地区同样存在，具有

---

* 平行教师提名：指多个班级中的教师同时提出、上报班级中欺凌问题的发生频率。

相近甚至更高的发生频率。

·不同年级的欺凌问题

如果绘制一张不同年级学生遭受欺凌的比例图，那么随着年级升高，男生和女生受到的欺凌频率都会呈现出一条相当平稳的下降曲线（见图1）。下降趋势最明显的是小学阶段（1~6年级，大致对应7~13岁）。由此可以看出，**被欺凌的学生比例会随着年级的升高而降低**。年龄较小、较弱的学生更常称自己受到了欺凌。

在初中阶段（7~9年级，大致对应13~16岁），曲线下降幅度较小。在2~6年级受到欺凌的学生（包括男生和女生），平均占比（11.6%）大约是7~9年级学生（5.4%）的两倍。关于欺凌行为的实施方式，高年级学生明显更少地使用肢体手段（身体暴力）。

从阜尔根研究中还可以发现，很大一部分欺凌行为是由年龄较大的学生发起的。这一点在低年级中尤为明显。在低年级（2~3年级）的受欺凌者中，超过50%的人称他们受到了年龄较大学生的欺凌。

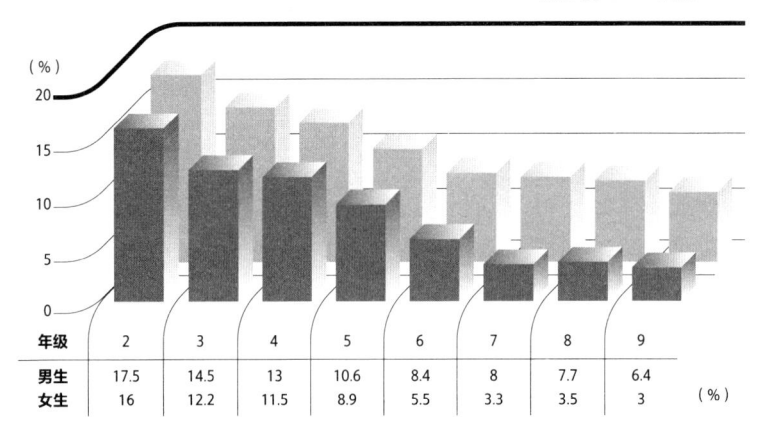

年级	2	3	4	5	6	7	8	9
男生	17.5	14.5	13	10.6	8.4	8	7.7	6.4
女生	16	12.2	11.5	8.9	5.5	3.3	3.5	3

图1 不同年级学生中受欺凌者的百分比。这些数据基于42 390名男生和40 940名女生的问卷统计结果。

如图2所示，关于欺凌其他学生的倾向，随年级的升高并不像图1呈现的趋势那样清晰和系统。高年级（7~9年级）男生的平均比例（11.3%）略高于低年级（2~6年级）男生（10.7%）。女生的情况则相反（高年级2.5%，低年级4%）。7年级学生，尤其是男生曲线的下降相对明显，这可能反映了一个事实，即7年级学生是初中里年级最低的，因此没有机会在更低的年级中找到"合适的受害者"。

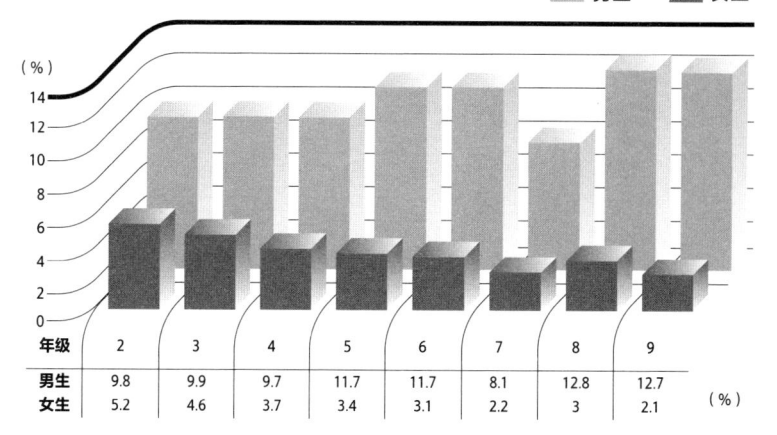

年级	2	3	4	5	6	7	8	9
男生	9.8	9.9	9.7	11.7	11.7	8.1	12.8	12.7
女生	5.2	4.6	3.7	3.4	3.1	2.2	3	2.1

图2 不同年级学生中欺凌者的百分比。这些数据基于42 324名男生和40 887名女生的问卷统计结果。

在对瑞典学生[18]和英国谢菲尔德地区学生（尽管这些学生的欺凌问题要更严重一些）的相应研究中，挪威学生数据所反映的趋势在各个方面都得到了证实[19]。

前文分析得出的最引人瞩目的结论是，小学中存在的欺凌问题比之前设想的更加严重。

·欺凌问题增加了吗？

此前，研究人员在斯堪的纳维亚地区欺凌问题发生频率的研究中使用了多种研究方法，包括问卷调查[20]、教师提名[21]和

第一章 关于欺凌，我们知道什么？

同侪评定[22]。研究样本主要由6~9年级的学生组成。综上所述，受欺凌者和欺凌者的占比均在5%~10%之间。

总体来说，这些主要来自20世纪70年代的研究数据，其中相关学生的占比要略低于1983至1985年全国反欺凌运动调查中相关学生的占比。然而，需要注意的是，许多早期的研究都是非常初步的，样本很小，对欺凌行为也没有明确的定义（或提供明确的问题选项）。此外，这些研究通常是由本科生负责的，鲜有经验丰富的研究人员监督。在这种背景下，很难确定这些差异是否意味着近年来欺凌问题越来越频繁地发生，抑或只是研究方法不同所导致的结果差异。在20世纪80年代至90年代初，没有可靠的数据能够证明欺凌问题发生得更频繁了。然而，一些迹象间接表明，与10~15年前相比，欺凌的现象变得更加严重，并且更为普遍。

无论采用何种测量方法，毫无疑问，对于挪威（和其他国家）的中小学来说，欺凌都是一个相当严峻的问题，相关人士必须严肃对待。同时，认识到有60%~70%的学生（在一个学期内）完全没有参与过欺凌也同样重要，他们既不是受害者，也不是欺凌的实施者。利用这群学生解决校内欺凌问题十分关键（详见本书第二章）。

·男生和女生中的欺凌问题

从图1可以看出,男生比女生更容易受到欺凌。这种趋势在初中阶段尤为显著。

这一结果与"直接欺凌"有关,即欺凌者相对公开地攻击受欺凌者的现象。人们会很自然地问,女生是否更容易受到"间接欺凌"?包括社交孤立和同龄人的故意排挤。问卷中的一个问题可供我们审视这个议题:"其他学生课间不想和你玩,你只能独自待着,这种情况多久会发生一次?"

结果证明,与公开攻击相比,女生更容易受到间接的、较为不易察觉的欺凌。然而,以这种间接的方式受到欺凌的男生与女生占比大致相同,此外如上所述,他们受到直接欺凌的比例也更高。(值得注意的是,直接欺凌和间接欺凌的受害者之间存在着相当强的关联。)

应该强调的是,这些结果只是反映了主流的趋势。毫无疑问在某些学校和班级中,遭受直接欺凌的女生会比男生多,或者数量相当;女生也会在初中受到直接欺凌。

卑尔根研究的另一个结果与此相关:研究发现,在女生所遭受的欺凌中,很大一部分是由男生发起的。超过60%的受欺凌女生(5~7年级)称,欺凌自己的主要是男生。另有

15%~20%的女生表示，她们既受到男生欺凌也受到其他女生欺凌。另一方面，绝大多数男生（超过80%）受到的欺凌主要来自其他男生。

这些研究结果将我们的注意力引向图2，它展示了参与欺凌他人的学生比例。很明显，参与欺凌的男生占比远高于女生。在中学，称自己欺凌过其他学生的男生人数是女生的四倍。

还应该说明的是，肢体欺凌的情况在男生中更为常见。相比之下，女生通常使用更隐蔽和间接的方式，如诽谤、散布谣言和操纵关系（例如抢走对方"最好的朋友"）。尽管如此，非身体手段（通过言语、手势等）的侵扰也是男生中常见的欺凌形式。

总之，**男生往往是直接欺凌的受害者和实施者**。这一结论与基于攻击行为中性别差异的研究[23]结果一致。有充分的证据表明，男生之间的关系总体而言比女生之间的更无情、更具攻击性[24]。当然，这些差异既有生物学根源，又有社会、环境的原因。

以上结果绝不应被理解为，我们不需要关注女生中的欺凌现象。无论这些女生是受欺凌者还是欺凌者，此类问题无疑都必须得到重视和解决。我们应该注意到，女生受到间接欺凌的程度与男生差不多。此外还存在一种可能，女生使用的某些欺凌手段是非常隐蔽的，以至于我们的问卷未能发现（尽管这种可能性不大）。

·教师做了多少？父母知道多少？

当一个学生在学校遭受欺凌时，教师会在多大程度上试图干预？关于这个问题，学生们问卷中的回答给出了相关信息。

大约40%的受欺凌小学生和近60%的受欺凌中学生在调查中称，教师"几乎从不"或只是"偶尔"试图"制止欺凌行为"。大约65%的受欺凌小学生表示，班主任没有和他们谈论过欺凌；中学生的相应比例则高达85%。我们从欺凌他人的学生那里也得到了几乎相同的数据。因此可以得出结论：**根据受欺凌者和欺凌者的说法，教师在制止校园欺凌方面所做的（或者说是在1983年所做的）努力相对较少**。在讨论欺凌问题时，他们也只与学生进行有限的沟通。在初中校园里尤其如此。

再次强调，这些结果只代表了数据的整体趋势。学校之间（以及教师之间）当然存在很大的个体差异：有些学校的教师会干预欺凌行为，与学生交谈的次数高于平均值；同样，也有一些学校的教师干预的频率比平均值低得多。

大约 55% 的受欺凌小学生表示,"家里人"曾与他们谈论过欺凌。中学生的相应占比则降至约 35%。对于那些称自己欺凌过他人的学生,这一比例还要更低。可以得出的结论是:**受欺凌者,尤其是欺凌者的家长,相对来说没有意识到这个问题,即便意识到了,也只在有限的程度内与孩子谈论它。**

尽管从这些数据中并不能直接得出欺凌问题的发生频率或原因,但在制定应对措施时,这是我们需要考虑的重要信息。

·发生在校内和上下学路上的欺凌

人们经常认为,欺凌更多地发生在上学和放学的路上,而不是在学校。我最近在挪威和瑞典的研究结果清楚地表明,这种观点是错误的。在校内受到欺凌的学生人数几乎是上下学路上的两倍(在中学是三倍)。尽管二者间存在着相当强的关联——**在上下学路上受到欺凌的学生在校内往往也会受到欺凌;但毫无疑问,学校是大多数欺凌行为的发生地。**

不过,学生们在问卷中称,如果他们在上下学路上受到欺凌,从其他人那里得到的帮助要少得多。因此,采取措施有效避免上下学路上的欺凌情况发生也很重要。

· 挪威和瑞典的比较

将瑞典哥德堡、马尔默和韦斯特罗斯三个社区 17 000 名学生的问卷与挪威奥斯陆、卑尔根、特隆赫姆约 32 000 名学生的问卷结果进行比较,是既可行又有意义的研究手段。主要结果表明,两国学生的情况有很多相似之处,但也存在一些鲜明的差异——

一个引人注目的发现是,瑞典学生比挪威学生更容易遭受社交孤立和群体排斥等形式的间接欺凌。在瑞典小学生中,18%的人(3~6年级)表示"其他学生在课间不想和自己待在一起,他们最终只能独自待着",而挪威学校中相应的学生只有13%。瑞典学生中似乎存在更严重的孤立和孤独感。

瑞典学生也比挪威学生更容易受到直接欺凌(公开形式的攻击),尤其是在中学阶段,其中瑞典初中生欺凌他人的比例略高。至于更严重的欺凌形式(以"每周一次"或更频繁的发生率作为标准),相比挪威学生,瑞典中学生欺凌他人或遭受欺凌的比例更高。瑞典中学生欺凌教师的情况(13%)也比挪威学生(9%)多。

总体而言,瑞典学校中的欺凌问题比挪威学校中的更多、更严重。这一结论尤其适用于中学生,而就间接欺凌而言,小学生的情况也是如此。

另一项值得一提的研究结果是，（中学阶段）挪威教师干预和制止欺凌的频率较瑞典稍高，但（小学和中学阶段）瑞典教师与被欺凌和欺凌学生交谈的频率略高于挪威教师。另外，瑞典父母也更常与遭遇欺凌问题的孩子交谈。

学生们的回答表明，瑞典教师和家长更加关注欺凌问题，但两个国家的成年人就此问题的表现显然都不能令人满意。我们有理由认为，如果成年人对该问题的关注较少，瑞典学校的欺凌问题会更严重。

·欺凌是只在大城市才会出现的问题吗？

人们普遍认为欺凌主要发生在大城市的校园中。在挪威全国范围内的调查结果表明，这种看法并不正确。奥斯陆、卑尔根和特隆赫姆（城市人口从15万到45万不等）卷入欺凌事件的学生比例与该国其他地区的相应数据大致相同，甚至略低。由此可见，大城市的儿童和青少年在这方面比小城市的同龄人名声更"好"。研究还发现，这三个城市的教师和家长与涉事学生的交谈次数比其他地区更多。这些结果表明，大城市的人们对欺凌问题的认识更多。

·学校和班级的规模

另一种流行的观点是,欺凌问题的严重程度基本上与学校和班级的规模成正比:欺凌在规模较大的学校和班级中更为常见。我在20世纪70年代(1973年和1978年)发表的来自斯德哥尔摩大区10所学校的数据否定了这一假设。此外,来自芬兰3所学校的数据也未显示受欺凌或欺凌他人的学生占比与学校或班级规模之间存在任何关系[25]。

最近在挪威进行的调查为检验这一假设提供了全新的、更多的可能性。根据现有数据,我们可以对700多所学校和数千个班级进行比较研究。然而应当指出,为了使数据有效,这种比较必须只在同类学校(或班级)之间进行(例如规模较小的小学与规模较大的小学进行比较)。

不同对照组中的学校和班级规模差异很大。例如,最小的普通六年制学校只有43名学生,最大的则有930名学生。就平均班级规模而言,这类学校每班大约有7~27名学生。

结论很明确:欺凌问题的程度(受欺凌者/欺凌者的占比)与学校或班级的平均规模之间不存在正相关。

在这个问题上,我们也有必要仔细思考307所普通小学和约 90 所单间学校*的比较结果。单间学校约占挪威小学总数的 50%（但在校生人数仅占该年龄段学生总数的 15%），且大多位于乡村。平均每所单间学校接受问卷调查的学生为 43 人，普通小学为 184 人。

从这一比较中得出的基本结论是，小型单间学校中受欺凌学生的比例与大型普通小学几乎相同。而欺凌他人的学生占比甚至略高于普通小学。这一发现无疑与人们的普遍认知截然相反，即单间学校是一个田园诗般美好的、没有冲突的地方。

那些旨在分析班级和学校规模所造成"影响"的国际研究一致认为，规模上的差异并不会带来显著不同，至少在现有的范围内是如此[26]。因此，我们可以得出结论，班级或学校规模对于欺凌问题的相对发生概率或严重程度，影响微乎其微。我们必须寻找其他因素来发掘问题的根源。

然而，在较大的学校和班级中，受欺凌者和欺凌者的绝对数量一般的确会比较大。人们可能会因此认为，在小型的学校或班级里解决欺凌问题会更容易一些，但我们迄今为止进行的研究分析并不支持这一假设。

---

* 单间学校：只有一个教室的学校，所有年级的学生都在这间教室上课。

·课间休息和午休时间的监督

在卑尔根研究中,我们还探讨了课间休息和午休时间的监督系统与学校欺凌问题严重程度之间的关系。我们考察了研究涉及的约40所中小学,发现课间休息时间的相对"教师数量"与欺凌问题的数量之间存在明显的负相关。也就是说:**在课间休息期间,(如每100名学生)有越多的教师监督,欺凌问题的严重程度就越低**。这一结果表明,在课间休息时,有足够数量的成年人在场非常重要(在成年人有意愿及能力干预初期欺凌事件的前提下)。

总体来说,这一发现表明,教师对欺凌问题的态度及其在欺凌情境中的行为,对学校或班级中欺凌问题的严重程度具有重要影响。在卑尔根研究中,我们将更详细地说明教师态度和行为中的哪些因素对制止欺凌尤为重要。

·不同层面的分析

到目前为止,调查结果提供了不同情况下欺凌问题发生概率的描述性信息。同时,我们也简要地考量了一些导致欺凌问题发生的潜在因素,例如学校或班级的规模以及课间和午休时段学校的监管方式。针对后一类因素,我们考察了可能会影响整个学生群体(如学校或班级,研究以一个群体为单位)中欺凌事件数量及程度的环境或"系统"特征。这无疑是值得研究的重要问题,对于学校或班级应采取何种措施减少欺凌问题的发生很有帮助。

另一类因素是不同类型学生的特征。我们把学生分为欺凌者、受欺凌者或两者皆非(把个体作为统计分析的基本单位)。在此类统计分析中,重要的是考虑学生的外部特征和个性特征,以及他们面对的情况或所处的环境是否存在差异,例如学校和家庭环境。需要考察的问题有:肥胖或红发等特定的外貌特征是否会导致学生更容易受到欺凌?受欺凌者或欺凌者是否经历过父母非常规的教养方式?

为了更全面地了解欺凌问题所涉及的机制,并据此制定有效的干预方案,处理这两类互补的因素十分重要。

在我们讨论第二类因素之前,我想简要介绍一些关于长期欺凌事件"稳定性"的研究结果。从某种意义上说,这些发现为接下来的许多内容提供了一般背景。

·长期欺凌事件的"稳定性"

欺凌事件是会长期发生在同一个学生身上,还是有时是这个学生受欺凌,有时是另一个学生被欺负(尽管根据"欺凌"的定义,它是"在一段时间内反复发生"的事情)?对于那些欺凌他人的学生,也存在同样的问题。这些问题涉及欺凌问题的"稳定性"。

我之前在瑞典进行的研究表明,在某段时间内受过欺凌的学生几年后还会再次受到欺凌。同样,我们发现,会在某个时间节点攻击同龄人的学生,日后也更容易有寻衅行为[27]。攻击性行为是一种相当稳定的个体特征,这在我对许多美国和英国研究的综述中也得到了验证[28]。研究结果证明了以下结论:**欺凌者或受欺凌者的身份可能会延续很长一段时间,通常会延续数年。**

从这些结果中我们可以得出什么结论?当然,这并不意味着我们无法大幅减少班级或学校中欺凌事件的数量,也不意味着受欺凌者或欺凌者不能"自发地"改变他们的处境或行为。我们可以了解到的是,作为受欺凌者的学生往往会发现自己长期处于困境之中,除非做出一些特别的努力,否则很难摆脱欺凌。据此理解,"长期欺凌具有稳定性"的研究结论可以有力激发出更积极、更有针对性的反欺凌措施。

·欺凌是校内竞争的结果吗？

在公众讨论中，人们经常认为欺凌是学生之间成绩竞争的直接结果。更具体地说，有人认为，欺凌者对同龄人的攻击性行为，可以解释为一种对校内挫折和失败的反应。

这似乎是一个合理的假设，但广泛的数据分析表明它并非事实。我在1978年发表的一系列研究结果表明，这种假设是站不住脚的。这些结果已经经由新的、更为详尽的分析得到了证实和加强[29]。研究对象是来自斯德哥尔摩大区的444名男生，他们从6年级一直被跟踪研究到9年级。研究结论是，**没有任何证据表明，男生的攻击性行为是成绩差或挫败感造成的。**

另外，在440名男生中，欺凌者和受欺凌者的成绩多少都低于班级平均水平[30]。在5年级和6年级，他们的成绩尚与平均值相差不大，但在中学则差距明显，尤其是欺凌者[31]。然而，如上所述，没有证据表明他们的攻击性行为是成绩差导致的。

·异常的外部特征会在欺凌中起到什么作用？

当我们问及学生为什么某些人会被欺凌时，他们往往会提到这些人（负面的）异常的外部特征，如肥胖、红发、少见的口音或戴眼镜。然而，针对两组不同男生的研究结果并不支持这一假设[32]。总体来说，相较未受欺凌的一组男生，未发现受欺凌者具有更多的异常外部特征（基于教师评估中所提供的 14 个外部特征）。

唯一区分两组实验对象的外部特征是身体力量：受欺凌者在身体力量上比一般男生弱（而欺凌者的身体力量强于平均水平，特别是强于受欺凌者）。然而，这一特征并不属于我们上述讨论的范畴。通常，欺凌者很少有形象上的异常特征。

鉴于这些结果，值得思考为什么会有那么多人认为是"异常的外部特征导致了欺凌"。这当然有一些原因。首先，研究表明，对照组中大约 75% 的学生至少具有一个异常外部特征[33]，这意味着几乎所有学生都是"异常的"。因此，任何默认异常的外部特征导致了欺凌的人，都会得到相同的答案。他们先入为主的观念就这样得到了"证实"。

另一个原因是，人们很容易忽视那些戴眼镜、红发、肥胖却未受欺凌的孩子。最后，在欺凌的情境中，欺凌者也许会拿受欺凌者可能存在的异常外部特征做文章，但这并不意味着这些特征是最初实施欺凌的原因。

因此，我们可以得出结论，**异常外部特征对于欺凌问题所起的作用要比人们通常认为的小得多**。然而，这一结论与异常外部特征在特定个案中起决定性作用的情况并不矛盾。

上述研究关注的是长期欺凌的受害者。异常的外部特征可能对于较轻程度的欺凌或新加入某一群体的受害者来说有一定的影响（尽管据我所知，此类情况还没有被研究过）。还应该提到的是，目前关于二代移民的欺凌研究缺乏系统认知[34]。然而值得注意的是，荷兰最近的一项可靠研究[35]发现，三组移民男生（来自摩洛哥、土耳其和苏里南）并不比同龄的荷兰当地男生（12~17岁）受欺凌程度高。

·典型的受欺凌者有什么特征？

研究[36]描绘了一幅比较清晰的典型受欺凌者的画像。总体来说，它既适用于男生也适用于女生，而且必须强调的是，到目前为止，关于女生群体中的欺凌行为研究，相比男生群体要少得多。

典型的受欺凌者比一般学生更焦虑且缺乏安全感。此外，他们通常谨慎、敏感、安静。被其他学生攻击时，他们通常的反应是哭泣（至少在低年级是这样）和退缩。此外，受欺凌者深受自卑之苦，对自己和当下的处境持消极看法。他们常常把自己看作失败者，觉得自己愚蠢、可耻、没有吸引力。

受欺凌者很孤独，在学校孤身一人。通常，他们在班上一个好朋友都没有。然而，他们并不会咄咄逼人或取笑他人。因此，我们不能把受欺凌的原因解释为他们自己挑衅同龄人（见下文）。此外，这些儿童对暴力和使用暴力手段持有一种消极的态度。如果他们是男生，相比一般的男生，很可能在身体力量上较弱[37]。

我把这种类型的受欺凌者称为"被动型或顺从型受欺凌者"[38]，被动型受欺凌者的行为和态度似乎在向他人发出信号：他们是没有安全感、没有价值的人，即使受到他人的攻击或侮辱，他们也不会报复。换个稍微不同的说法，被动型受欺凌者具有焦虑或顺从的反应模式，以及身体力量较弱的特征（对男生而言）。

对受欺凌男生父母的深度访谈表明，这些男生在很小的时候就表现出了一定程度上的小心翼翼和敏感[39]，具有这种特征的男生（可能同时在体力上较弱）往往很难在同龄人中果断地表达自己的真实想法和态度。因此，我们有充分的理由相信，这些特征促使他们成为欺凌行为的受害者[40]。同时，很明显，同龄人的反复侵扰大大增加了他们的焦虑和不安全感，导致他们往往会消极地评价自己。

我们的一些研究数据还表明，**与一般男生相比，受欺凌者与父母，特别是与母亲有更密切的接触和更积极的关系**。这种亲密关系有时会被教师认为是一种来自母亲的过度保护[41]。我们有理由认为，这种过度保护的倾向既是他们遭受欺凌的原因，也是他们遭受欺凌的结果。

还有一种数量明显较少的受欺凌者——"挑衅型受欺凌者"，他们的特点是既有焦虑的反应模式，也有攻击的反应模式。这些学生经常存在注意力不集中的情况，他们的行为方式可能会引起周围人的愤怒和紧张。其中一些人可以被界定为"好动"或"多动"。他们的行为激怒了班上的许多同学，从而引发了大部分甚至全班同学的负面反应，这并不少见。在欺凌事件中，挑衅型受欺

凌者在班级中的互动方式与被动型受欺凌者不同[42]。

一项研究[43]追踪了两组男生，一组在学校中受到了同龄人欺凌，另一组没有。结果表明，受过欺凌的男生在23岁时，许多方面已经"正常化"，这说明他们在离开学校后，有更大的自由选择自己所处的社会环境和自然环境。但是，与未曾受过欺凌的同龄人相比，他们更容易抑郁，自尊更低。调查结果清楚地表明，这是他们早年持续不断受欺凌的结果，这段经历在他们心中留下了伤痕。

·典型的欺凌者有什么特征？

典型欺凌者的一个显著特征是，他们对身边的同龄人具有攻击性——这一点在"欺凌"的定义中已经说明。欺凌者通常也会对成年人，包括教师和家长表现出攻击性。通常来说，欺凌者相比一般学生对暴力和使用暴力手段的态度更积极。此外，他们通常具有冲动行为和支配他人的强烈欲望。他们对受欺凌者几乎没有同情心。欺凌者通常对自己抱有相对积极的看法[44]，如果他们是男生，身体可能比一

般的男生，尤其是受欺凌的男生更强壮[45]。

心理学家和精神病专家普遍认为，具有攻击性和强硬行为模式的人，"表面之下"其实是焦虑且缺乏安全感的。我在自己的几项研究中检验了欺凌者是否具有潜在的不安全感。我们采用了"间接"的实验手段，如使用压力激素和特殊人格测试。研究结论是，没有任何发现支持上述假设，实验结果反而偏向于相反的观点：**欺凌者的焦虑和不安全感非常少，或者大致处于平均值**[46]。**他们并不自卑。**

这一结论适用于欺凌者群体（相对于一般男生群体和受欺凌者群体），它当然不意味着不存在既有攻击性又焦虑的个别欺凌者。

还应该强调的是，有些学生虽然参与了欺凌，但通常不会主动采取行动——他们被称为"被动型欺凌者"、追随者或党羽。在一群被动型欺凌者中，很可能混杂着焦虑和缺乏安全感的学生[47]。

几项研究表明，欺凌者在学校的受欢迎程度可能处于平均值或略低于此[48]。他们经常处于一个小群体中，周围有两三个朋友，这些朋友支持他们，看起来也喜欢他们[49]。然而在升入高年级后，欺凌者的受欢迎程度会开始下降，在9年级时远低于平均水平[50]。尽管如此，欺凌者还是不像受欺凌者那般不受欢迎。

总之，典型的欺凌者可以被描述为：具有攻击性反应模式（如果是男生的话），以及较强的身体力量。

关于欺凌行为潜在的心理动因，研究结果表明，至少存在三种相互关联的因素：首先，欺凌者对权力和支配他人有强烈的欲望，他们似乎喜欢"掌控"和"征服"他人；其次，考虑到许多欺凌者的原生家庭环境，我们会很自然地认为他们对外界产生了一定程度的敌意，这种感觉和冲动可能会促使他们从对他人造成的伤害和痛苦中获得满足；最后，欺凌行为会带来"收益"，他们经常强迫受欺凌者提供金钱、香烟、啤酒或其他有价值的东西[51]。此外，很明显，在许多情况下，攻击性行为会让个体在同伴中获得某种威望[52]。

欺凌也可以被视为更普遍的反社会和破坏规则（"品行障碍"）行为模式的一部分。从这个角度来看，我们很容易假设，具有攻击性并欺凌他人的年轻人，日后出现其他问题行为（如犯罪和酗酒）的可能性也会明显增加。最近的一些研究证实了这个假设[53]。

我在自己的后续研究中，也发现了对这一假设的有力支持。在6~9年级被界定为欺凌者的男生中，大约60%的人在 24 岁时至少会有一次犯罪记录。更引人注目的是，多达 35%~40% 的欺凌者在 24 岁之前至少会被定罪三次，而对照组（在 6~9 年级时既不是欺凌者也不是受欺凌者的男生）中只有 10% 的人有过犯罪记录。因此，根据官方数据，从前是校园欺凌者的年轻人成为相对严重惯犯的概率比普通人高四倍；而曾经的受欺凌者，成年后的犯罪率处于平均值或略低于此。

·体格的强弱

对于男生来说，体格的强弱在欺凌事件中发挥着重要作用。 如上所述，受欺凌者的身体力量明显低于平均水平；另一方面，欺凌者通常比普通男生，尤其是受欺凌者身体强壮[54]。在斯德哥尔摩大区和芬兰的一项研究也得出了同样的结论[55]。

这并不意味着身强体壮的男孩一定会利用自己的身体优势欺凌他人。事实上，我们的研究表明，身体强壮和具有攻击性之间关联很弱：相当一部分强壮的男生并不具有攻击性。然而，（男生）欺凌者的特征似乎是兼具攻击性反应模式和体格优势。相应地，受欺凌者的特征则是兼具焦虑的反应模式和体格弱势（见上文）。

我们还发现，体格强健与在同龄人中受欢迎，以及身体较弱与不受欢迎之间存在显著的关联[56]。显然，身体力量对于一个男生是否受欢迎非常重要。受同伴欢迎可能会降低男生被欺凌的风险。此外，如果受到攻击，身体力量也能成为自卫的手段。身体强壮的人可以很好地保护自己免受欺凌。

这一研究结论适用于男生，体格强弱在女生的欺凌事件中并不能发挥同样的作用。目前尚不清楚是否存在保护女生免遭欺凌的类似因素。

一幅具体画像

下文总结描述了男生欺凌问题在班级中发展的过程,它基于广泛的研究[57]。

在一个班级的男生中,通常会存在不同形式的冲突和紧张关系,也会有许多轻微的攻击性互动,部分是为了好玩,同时也是一种展示自我、测验男生之间力量关系的方式。如果在这样的群体中存在一个(或几个)潜在的欺凌者,那么他(或他们)将影响整个班级男生的行为。这些互动将会变得更加粗暴和激烈。欺凌者暴躁的性格,彰显权威、支配和征服他人的鲜明欲求,都会被群体成员强烈地感受到。在这种情况下,即使是轻微的逆境和挫折也会引发欺凌者的强烈反应,因为他们倾向于在冲突中使用暴力手段,所以往往会表现出攻击性。鉴于欺凌者的力量优势,他们的攻击性行为常常会引发他人的不快和痛苦。他们既喜欢攻击最弱的男生(后者肯定会被欺凌者击败),也不畏惧和班上其他男生打架。总体来说,他们相当强硬和自信。

如果班上有一个潜在的、被动的"出气筒"(受欺凌者)——焦虑、没有安全感、缺乏自信果断、不敢攻击,而且通常体力较弱——他很快就会被欺凌者发现。这类受欺凌者处于链条最底层，受到攻击时，他不会还击，而是会害怕甚至哭泣，他不愿意或无法抵御对手的攻击，哪怕是相对无害的对手。一般来说，如果一个男生不想参与班上其他男生粗暴的游戏，就无法和他人建立关系。他也会感到相当孤独和被孤立。

对于一个有欺凌倾向的男生来说，潜在的"出气筒"是理想目标。他的焦虑、无助和眼泪给了欺凌者一种明显的优越感和高高在上的感觉，同时也满足了他们含糊不清的报复冲动。

欺凌者通常也想让其他人加入自己的阵营，他很快就会诱使他最亲密的朋友挑衅"出气筒"。受欺凌者总有被攻击的理由，如外表、衣着和举止等。通常，看到其他人侵扰受害者，他就像自己动手了一样高兴。毕竟，如果造成了什么不好的后果，他始终留有退路。学校里的成年人经常注意不到这些事，或者并不在场，让男生们自行解决他们的矛盾。受欺凌的男生也不会对自己的父母说什么。

渐渐地，班上的其他男生也会开始侵扰戏弄受欺凌者。他是一个安全的攻击对象——每个人都知道他软弱、不敢反击，班上不会有强壮的男生站出来支持他。当一些强势的男生攻击他时，大家都觉得稍微欺负他一下不会有什么问题。毕竟，他相当可悲、毫无价值，甚至可以说——他就应该挨揍。

第一章　关于欺凌，我们知道什么？

就这样，受欺凌者会越来越被同龄人孤立。公开的嘲笑和攻击进一步削弱了他在同伴群体中本就很低的地位：大家都觉得他一无是处。有些男生担心与他在一起会降低自己的地位，或受到他人的蔑视与否定；有些人甚至担心自己最终会陷入同样的境地。受欺凌者被孤立的局面就这样基本形成了。

·什么样的教养环境造就了有攻击性的儿童?

鉴于欺凌者"具有攻击性反应模式"的特征,即他们在许多不同情况下会表现出攻击性行为,以下问题变得尤为重要:在孩童时期,什么样的养育方式或环境能够影响个体,使其形成攻击性反应模式?一项主要基于男生的研究发现了四个非常重要的因素[58]。

首先是父母,尤其是主要养育者(通常是母亲)对孩子的基本情感态度。这个因素非常重要,尤其会影响孩子幼年的情感态度。以缺乏热情和参与为特征的消极态度,显然会增加孩子日后好斗、对他人怀有敌意的可能。

第二个重要因素是主要养育者对儿童的纵容和对攻击性行为的容许程度。如果养育者对孩子通常是宽容乃至"纵容"的,不明确禁止孩子对同龄人、兄弟姐妹及成年人的攻击性行为,那么儿童的攻击性就很容易增加。

综合这两点,我们可以发现,童年时期缺乏爱和关怀并被给予太多的"自由",是导致儿童确立攻击性反应模式的重要因素。

第三个因素是父母使用"权力专断型"(power-assertive)的教养方法,如进行体罚,或爆发式地情绪宣泄。这一发现支持了"暴力导致暴力"的观点。对儿童的行为设定明确限制并确立一定的规则是很重要的，但不应通过体罚等手段来完成。

最后，儿童的性格也影响了攻击性反应模式的确立。性格活跃、急躁的儿童比性格普通或安静的儿童更容易成长为具有攻击性的年轻人。性格因素的影响要小于第一和第二个因素。

以上是一些主要的影响因素。在具体个案中，可能会有其他一些因素发挥核心作用，模式之间存在部分差异。尽管如此，这些研究，以及其他关于儿童状况研究的结果，为我们提供了以下重要结论：**儿童养育者的爱和参与，对儿童行为规范的清晰界定，以及非体罚性的教养方式，可以培养友善、独立的儿童。**

这一结论可能同时适用于男孩和女孩，对年幼和年纪稍长的孩子也同样重要。随着儿童成长为青少年，家长也必须监督他们在校外的活动，了解他们在做什么，知道他们的朋友是谁[59]。大多数我们不愿看到的事情，包括欺凌、反社会行为和犯罪行为，往往发生在父母不知道孩子在做什么，或者他们及其他成年人不在场的时候。

在攻击性反应模式的形成过程中发挥重要作用的教养因素，与家庭中成年人之间的关系息息相关。父母之间频繁的冲突、不和或公开争吵——无论是否会导致离婚,都给孩子带来了不安全感,而这样的家长也更可能采用上述不太恰当的教养方式。无论如何,为防止可能产生的不良影响,父母发生冲突时应避免让孩子选边站队,将其卷入冲突之中。一些研究表明,如果父母私下处理冲突,其消极影响要比当着孩子的面处理冲突更小[60]。

同样有趣的问题是,在上述研究中,哪些因素与男生的攻击性程度无关?家庭的社会经济条件,包括收入水平、父母受教育程度和住房条件就是其中之一。在每一个社会阶层中,具有攻击性(和不具有攻击性)的学生占比都很相近,受欺凌的学生也是如此[61]。因此,学生家庭条件差不是他成为欺凌者或受欺凌者的理由。我们也没有发现家庭的社会经济条件与上述四个教养因素之间存在显著关联[62]。无论处于何种社会经济水平,"好"(或"不好")父母的比例都大致相同。需要指出的是,攻击性程度与社会经济条件缺乏关联,在一定程度上可能是由于斯堪的纳维亚国家在这些方面相对同质化。在社会经济不平等程度更高的国家(例如美国或英国),当地的研究很可能会表明,欺凌问题与儿童自身所在家庭的社会经济状况之间关联性更强。

到目前为止，我们还没有详细分析过与欺凌问题相关的育儿方法[63]。仅就目前的数据，没有任何迹象表明，典型的被动型受欺凌者缺乏爱或关怀。例如，根据上述研究结果，与一般学生（男生）相比，受欺凌者与父母（母亲）之间往往有着更亲近、更积极的关系。但是，为了防止焦虑和缺少安全感的孩子遭受欺凌，父母必须努力帮助他们变得更独立、更自信，并具备在同龄人中保护自己的能力。本书的第二章会进一步阐述相应对策。

·群体机制

为了理解欺凌行为，了解欺凌者和受欺凌者各自的特征十分必要。我们此前已讨论了一些重要的特征，但是，由于欺凌是一种群体现象，我将简要介绍一些机制，可以假定它们在多个个体参与欺凌时发挥了作用[64]。

许多研究表明，儿童和成年人在观察到其他"榜样"的攻击性行为后，可能会表现得更具攻击性。当观察者对榜样持积极态度，例如认为他坚韧、无畏、坚强时，这种感染效果会更强。它同样适用于欺凌情景，即欺凌者被他人视为"榜样"。受此"榜样效应"影响最深的可能是这类学生：他们本身多多少少缺乏安全感，对他人有较强的依赖性（被动型欺凌者、追随者），他们在同龄人中地位较低，想要表现自己。我们用"社会传染"来形容这种影响。

另一个与此密切相关的机制，是削弱自身对攻击性倾向的控制或抑制。主要原理是，观察者看到"榜样"因攻击性行为而获得"奖励"时，往往会减少自身对攻击性行为的抑制（即一般性的克制和控制）。相反，如果看到"榜样"的行为引发了负面结果，观察者往往也会抑制自己做出同样的行为。在欺凌发生的语境中，该机制可以通过以下方式发挥作用："榜样"（一个或多个欺凌者）通常会通过"战胜"受欺凌者来获得收益。此外，从前面的研究中可以明显看出，教师、家长和同龄人只能在非常有限的程度内对这种行为进行干预。这些因素共同削弱了那些持"中立"立场或旁观的学生对自身攻击性倾向的控制，导致他们参与欺凌。考虑到这些机制的存在，成年人和同龄人对持续欺凌行为的干预阻止，显得尤为重要。

第三个影响机制可以解释为什么某些通常和蔼可亲、不具攻击性的学生，有时会毫无顾忌地参与欺凌。这就是个人责任感的降低。众所周知，在社会心理学中，当多个人共同进行某项活动时，他们对欺凌等消极行为的个人责任感可能会大大降低。这种责任的"扩散"或"淡化"，也会导致欺凌事件发生后参与者产生的内疚感更少。

最后，随着时间的推移，学生们对受欺凌者的看法甚至可能会发生变化。由于反复受到攻击和有辱人格的评价，受欺凌者将逐渐被同伴视作一个毫无价值的人、一个"受气包"，理应被侵扰。这种认知的变化也会弱化欺凌者可能存在的内疚感。

・其他因素

广泛的国际研究表明，观看过大量电视、视频和电影中暴力镜头的儿童及青少年，往往更具攻击性，对于受欺凌者也会表现出更少的同情[65]。尽管还没有研究直接评估过欺凌行为可能的影响因素，但根据目前所有的研究结论，我们有理由认为，媒体的负面引导至少会在某种程度上提高欺凌的程度。

遗传因素也可能会影响攻击性或焦虑反应模式的发展，例如通过儿童的气质发挥作用[66]。然而，这些因素可能只起到了次要和间接的作用。

先前对于促使欺凌问题出现并持续的因素所进行的调查，并不能完全解释我们目前所了解的状况。挪威和瑞典的大型研究（这是我们仍在进行中的研究）有望就此问题为我们提供某些方面的新见解和新知识，但毫无疑问，我们目前对于欺凌的认知和应对方式，还不足以建立系统性的干预机制。

·从更广阔的视角看待欺凌问题

在全国范围的调查中，我们发现学校之间欺凌问题的程度存在很大差异。在某些学校，学生被欺凌的风险是同一社区内其他学校的4~5倍。

概括来说，学校或地区之间这种在欺凌问题上的程度差异，可以被视为两组对抗性因素相互作用的结果：一组因素往往会引起或加剧欺凌问题，另一组因素则具有控制或缓解的效果。

在造成欺凌或攻击性行为的因素中，一般来说，恶劣的童年环境，特别是某些教养方式和家庭问题十分重要。人们会很自然地假设，欺凌程度高的学校，所处的地区中有占比相当大的儿童经历了不尽如人意的养育方式和许多家庭问题。不尽如人意的养育，意味着儿童得到的爱、照顾和监督过少，而教养者也不会对儿童的行为设定明确的规范和限制；家庭问题可能包括父母之间充满冲突的关系、离婚、家庭成员患有精神疾病或酗酒等。

然而，在校学生出现欺凌问题的频次，不仅取决于该地区有多少会引发攻击性的因素，很大程度上也在于与之对抗的力量有多强。学校职工，尤其是教师的态度、习惯和行为，是预防和控制欺凌活动并将此类行为引导至社会规范程度的决定性因素。如前文所述，阜尔根学校课间的师生比例与欺凌事件的数量呈反比，就支持了这一推论（另见本书第三章）。此外，学生自身以及家长的态度和行为，也对降低学校欺凌问题的严重程度有重要作用。在欺凌问题已经存在的情境下，很明显，那些没有参与欺凌的学生的反应，会对这一问题的短期和长期后果产生重大影响（详见后文的相关措施）。

·基本的民主权利问题

研究结果有力地证明，欺凌在斯堪的纳维亚的小学和中学（以及其他国家的学校）里是一个相当普遍的问题，教师在反欺凌方面所做的干预相对较少（1983年），家长对孩子在学校接触或参与的事情知之甚少。有一大群学生受到欺凌，他们在很大程度上被学校忽视。我们知道，这些青少年中有许多人是长期侵扰的对象，往往会被欺凌很多年[67]。不需要发挥想象力，我们就能感受并理解他们或多或少存在的永久性焦虑和不安全感，以及他们是如何在低自尊的状态下度过了学生时代。自我贬低令他们不堪重负，以至于将自杀看作唯一的解决办法，也就不足为奇了。

欺凌问题的影响甚至比前文所述的更加广泛，实际上与我们社会中的一些基本民主原则相关：每个人都应该享有在学校和社会中免受压迫、免遭反复故意羞辱的权利。任何学生都不应该因为担心被侵扰或蔑视而害怕上学，家长也不该整天提心吊胆，生怕这种事情会发生在自己的孩子身上！

欺凌问题也关乎社会对待暴力和压迫的普遍态度。如果一个学生在没有成年人干预的情况下屡次受到其他学生的欺凌，他会形成什么样的社会价值观？同样的问题，也适用于那些长期被默许侵扰他人、未被成年人阻止的学生。不积极应对学校中的欺凌问题意味着对欺凌的默许。

在这种情况下，应该强调的是，解决欺凌问题也是在为那些攻击性强的学生着想。如上所述，学校中的欺凌者比其他学生更有可能走上反社会的道路。因此，我们有必要制止他们的活动，并将他们的行为扭转到更被社会接受的轨道上来。没有任何证据表明，成年人对欺凌者的容忍和放纵，能帮助这些孩子摆脱反社会行为模式。

亨利和罗杰，受欺凌者和欺凌者的画像

7年级的亨利是一个安静而敏感的13岁男孩。几年来，他不时受到一些同学的侵扰和攻击。其中有两个人特别热衷于贬损他、让他难堪。在过去的几个月里，出于这样那样的原因，他们对亨利的攻击变得更加频繁和严重了。

亨利的日常生活充满了不愉快和羞辱性事件。他的书被扔得满地都是，别人折断他的铅笔，向他扔东西以折磨他，当他偶尔回答老师的问题时，他们大声嘲笑他。即使在课堂上，他也经常被叫绰号——"可怜虫"。

通常来说，亨利不会回应，他只是面无表情地坐在桌子旁，被动地等待下一次攻击。当侵扰发生时，老师通常装作看不见。亨利的几个同学为他感到难过，但没有一个人真正试图保护过他。

一个月前，亨利被强迫穿着衣服进入开着花洒的淋浴间。两个欺凌他的人还数次威胁他，要亨利给他们钱，并去超市里偷烟给他们。某天下午，亨利又受到欺凌，他被强迫躺在学校小便池的水槽里。之后他悄悄回家，在卫生间里找到安眠药，吞下了一把。当天下午晚些时候，亨利的父母发现他躺在客厅的沙发上昏迷不醒，但还活着。桌上的一张字条告诉他们，他

再也无法忍受这种欺凌了,他觉得自己一文不值,他相信没有自己,世界会变得更美好。

亨利的父母对他试图自杀深感震惊。尽管他们注意到亨利早上经常想拿胃痛做借口不去上学,他们也隐约怀疑过他在学校过得不好,但他们不知道亨利每天在学校的生活是怎样的。亨利不愿意告诉他们自己的情况。他不想让父母为自己焦虑。此外,他还担心如果父母去学校大闹一场,情况可能会变得更糟。

欺凌亨利的学生中,最活跃的是罗杰。学校的老师们都知道他是一个霸道、具有攻击性的男生。他不仅经常在学校里攻击和迫害其他孩子,还粗鲁地对待成年人。女老师们尤其对他避之唯恐不及。

当偶尔有某位老师试图斥责他在操场上的不良行为时,罗杰就会很有技巧地置身事外,将责任推到受欺凌者或同伴身上。班主任曾象征性地与罗杰的父母讨论他的欺凌行为,但收效甚微。

罗杰的父亲是一名成功的汽车经销商,母亲是一家大型工业公司的董事会秘书,他们都不在意这些问题,惯常的回应是:"男孩就是男孩,了解真正的生活是什么样子才健康;我们不能给一个13岁的孩子当保姆。"

罗杰父母之间的关系相当紧张,他们经常争吵和打架,尤其是在罗杰的童年时期。在罗杰小时候,父母都不太关心他,非常专注于自己的事业。罗杰经常独自和同龄人待在一起,没有太多成年人的监督,他在很小的时候就养成了一种极具支配性和攻击性的行为模式。

在小学,罗杰的学习成绩处于中游,但升入初中后他对学业越来越不感兴趣,成绩也一直在慢慢下降。在这些年里,他还开始与附近一些年纪稍大的人交往,这些年轻人经常酗酒、做些小偷小摸的事。

17岁时,罗杰和另一个男孩在闯入超市偷啤酒和香烟时被抓获。一年后,他被判犯有严重伤害罪。在一次蹦迪玩乐后,他和一名同伴一起殴打了另一个男孩,罗杰甚至在男孩倒地后又朝他背部踢了几脚,致使男孩肾脏破裂。23岁时,罗杰已经有四次犯罪记录。他有两个孩子,都是非婚生子,与女方住在一起。离开学校后,罗杰尝试了很多工作,主要是做推销员,但没有一份工作维持了太长时间。

* * *

尽管上述画像展现了许多受欺凌者和欺凌者的典型互动模式及"发展路径",但应该强调的是:上述案例在某些方面有些极端,大多数受欺凌者没有自杀企图,大多数欺凌者也没有像罗杰那样在23岁时就有这么多犯罪记录。

·欺凌者与受欺凌者的识别指南

在描述欺凌干预项目之前,列出一份指南,以帮助我们识别可能卷入欺凌事件的儿童或青少年是尤为重要的。如果一个学生表现出了下列一条或几条征兆,可能表明他正在受到同伴反复的欺凌或伤害;如果出现了另一类征兆,则可能表明他正在欺凌一名或多名学生。我们应认真对待这些征兆,并对情况进行更细致的追踪和调查。如果欺凌确实发生了,我们应按照本书第二章的内容采取果断行动。

在下文中,我们将征兆分为主要征兆和次要征兆。尽管它们之间的差别并不一定总是很明显,这种区分还是十分必要的。总体来说,主要征兆与欺凌问题的关系更直接、更明显;次要征兆常常也预示了欺凌的发生,但其中的联系并不那么直接和密切。当一个孩子只表现出次要征兆时,我们需要对情况进行更详细的调查,才能得出确切的结论。下文所说的"一般特征"也可以被视为次要征兆。为统一区分,我们用双星号(**)来标记主要征兆,次要征兆则用单星号(*)标记。

我们有必要回顾本书开头对"欺凌"所做的一般定义:当一个学生在一段时间内,反复受到一个或多个学生的消极行为对待时,他就是被欺凌了。欺凌还隐含着力量上的不平等(不对等的权力关系）：受到消极行为影响的学生很难自我保护，他们在面对侵扰自己的学生时会感到无助。

在判断特定征兆的严重程度时，还必须考虑征兆出现的频率。例如许多学生只是偶尔被同伴取笑，而通常来说，只有当这种情况发生得相对频繁（且方式恶劣）时，才需要被认真对待。

·受欺凌者的潜在征兆

（一）在学校

被欺凌的儿童或青少年可能会表现出以下一种或（更为常见的是）几种征兆：

1.主要征兆

** （反复）遭受恶意的取笑，被辱骂（可能也被起了贬义的外号），被奚落、贬低、嘲笑、恐吓、蔑视、威胁、命令、支配、压制。

** 以一种嘲弄和不友好的方式被取乐和嘲笑。

** 被欺负、推搡、冲撞、拳打脚踢（且无法充分保护自己）。

** 在"争吵"或"斗殴"中没有自卫能力,且想要逃离(可能会表现为哭泣)。

** 书本、钱或其他物品被夺走、毁坏或随意丢弃。

** 身上有瘀青、伤痕、割伤、抓伤,或者衣服上出现撕扯痕迹,却无法给出合理解释(同时具有后文的某些一般特征)。

2. 次要征兆

* (经常)独自一人,在课间和午休时间被同龄人孤立。在班级中似乎没有好朋友(另请参见第92页,介绍了一种简单的方法,以帮助教师识别班上是否有被孤立和不受欢迎的学生)。

* 在团体游戏中最后被选中。

* 自由活动时尽量靠近教师或其他成年人。

* 在课堂上表达困难,给人一种焦虑不安的印象。

* 显得苦恼、不快乐、沮丧、爱哭。

* 成绩突然或逐渐下滑。

（二）在家里

1. 主要征兆

** 放学回家后,衣服被撕裂或弄乱,书本被撕毁(同时具有后文的某些一般特征）。

** 身上有无法合理解释的瘀青、伤痕、割伤和抓伤（同时具有后文的某些一般特征）。

2. 次要征兆

* 放学后不会带同学或其他同伴回家，也很少去同学家或在操场上与同学相处。

* 没有一位共度空闲时间（玩耍、购物、参加体育或音乐活动、打电话聊天等）的好朋友。

* 很少或从未被邀请参加聚会，可能也对自己举办聚会不感兴趣（因为觉得没人愿来）。

* 早上表现得害怕或不愿意上学，没有食欲，反复头痛或胃痛（尤其是在早上）。

* 选择一条"不合理"的上学和放学路线。

* 容易做噩梦，睡不安稳，可能会在睡梦中哭泣。

* 对学业失去兴趣，成绩下降。

* 显得不开心、悲伤、沮丧，或表现出意想不到的情绪变化，易怒并有突然的情绪爆发。

* 向家人额外要钱或偷钱（以迎合欺凌者）。

(三)受欺凌者的一般特征

受欺凌的学生通常处于上述的某种情境中,往往会表现出以上几种特定的反应或行为。此外,他们可能具有以下一项或多项一般特征(其中一些已经在上文提到过):

* 可能比同龄人的身体力量弱(尤其对于男生而言)。
* 可能有"身体焦虑":害怕受到伤害;在游戏活动、体育运动和打斗中表现出体能不足;身体协调性差(尤其对于男生而言)。
* 谨慎、敏感、安静、孤僻、被动、顺从、害羞,可能很爱哭。
* 焦虑、缺乏安全感、不快乐、苦恼,对自己持消极看法(低自尊);从某种意义上说,会向他人"发出信号",表明自己是毫无价值和没有能力的人,受到攻击或侮辱时不会反抗报复,即"软柿子"。
* 处于同龄人群体时,无论是通过身体表达、语言表达还是其他方式,都难以维护自己的立场;通常不具有攻击性,不会戏弄或挑衅他人(挑衅型受欺凌者除外)。
* 通常与成年人(父母、教师)的关系要好于与同龄人的关系。

* 学业成绩可能好、中、差，但无论是哪种情况，通常（但不一定）在初中的成绩都会更差一些。

（四）挑衅型受欺凌者

大多数受欺凌者（被动型受欺凌者，见第29页）会表现出上述一项或多项一般特征。然而，如本书第30页所述，还有另一类受欺凌者——挑衅型受欺凌者，可能会或多或少地表现出兼具焦虑和攻击性的反应模式。挑衅型受欺凌者遭遇的欺凌问题通常表现为多个学生，甚至是整个班级参与的侵扰行为。像更被动的受欺凌者一样，挑衅型受欺凌者可能比同龄人（如果他们是男生）的身体素质更差，并具有"身体焦虑"。通常，他们可能忧虑紧张、缺少安全感、不快乐，对自己持消极看法并因此感到痛苦。此外，挑衅型受欺凌者（往往是男生）还具有以下特点：

* 脾气暴躁，在受到攻击或侮辱时试图反击或回应，但通常效果不佳。
* 过度活跃、烦躁不安、注意力不集中，通常具有攻击性，制造出紧张的气氛；可能笨拙而不成熟，有令人恼火的习惯。

* 不受成年人，包括教师的喜欢。
* 自身也可能会欺凌更弱小的学生。

· 欺凌者的潜在征兆

儿童或青少年欺凌他人的事件常常会被发现于校内，如前文的"主要征兆"所示。在学校，欺凌者通常：

* 恶意（且反复）地挑逗、奚落、恐吓、威胁、辱骂、取笑、嘲笑他人，推搡、冲撞、踢打他人，损坏他人的物品，等等（参见第52~53页的所有主要征兆）。他们可能会对许多学生表现出类似行为，但尤其会选择较弱和相对缺乏自保能力的学生作为目标。此外，许多欺凌者会诱使追随者们"做脏活儿"，自己则置身幕后。

男生比女生更容易受欺凌，但应该注意的是，女生群体中的欺凌行为更难被发现：女性欺凌者通常会使用不太明显、更加"偷偷摸摸"的侵扰手段，如诽谤、散布谣言和操纵班级中的人际关系（如使某个女生失去她"最好的朋友"），而且需要明确的是，我们目前对女性欺凌者的典型特征知之甚少。

除了前文列出的具体反应和行为外，欺凌者还可能具有以下一个或多个一般特征（应该注意的是，下文也澄清了大部分人对于典型欺凌者的误解或谬见）：

* 可能比他们的同学，尤其是受他们欺凌的人更强壮；可能与受欺凌者年龄相同或比其稍大；在游戏活动、体育运动和打架中有更好的表现（尤其对于男生而言）。
* 对支配和制服其他学生有强烈欲望，喜欢通过彰显权力和威胁他人来表现自己，以按照自己的方式行事；可能会吹嘘自己比其他学生更厉害（也许确实如此，也许只是他们的幻想）。
* 脾气暴躁，容易生气、冲动，对挫折的容忍度低；很难遵守规则、忍受逆境和延迟回报，可能会试图通过欺骗和作弊获得好处。
* 经常反对、挑衅和攻击成年人（包括教师和家长），让成年人也感到害怕（取决于他们的年龄和体格）；善于说服别人，从而让自己摆脱"困境"。
* 冷漠、麻木，对受欺凌的学生缺乏同情心。
* 不焦虑，也不缺乏安全感，通常对自己持相对积极的看法（自尊心处于平均值或高于平均水平）。

* 在相对较小的年纪（与同龄人相比）做出其他反社会行为，包括偷窃、故意破坏和酗酒，与"坏朋友"交往。
* 在同学中的受欢迎程度可能处于平均值，也可能高于、低于平均值，但通常至少能得到少数同伴的支持；在初中可能比小学阶段更不受欢迎。
* 就学业而言，小学的成绩可能处于平均值，或者高于、低于平均值，而初中的成绩通常（但并不一定）更差一些，并对上学持有消极态度。

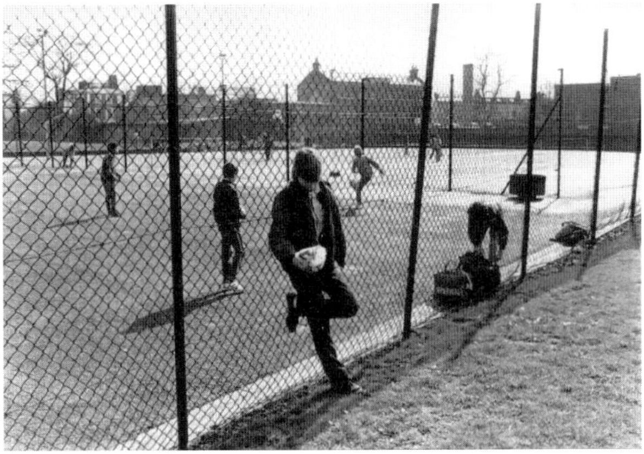

第二章 对于欺凌,我们能做什么?

成年人的意识和参与，

极大程度地决定了

校园欺凌事件的走向。

本书第 64~65 页概述了我们建议的干预项目。不过，在讨论具体措施之前，我想先简要说明一下，几年前，我们向瑞典哥德堡 20 所不同学校的 540 名教师详细介绍了这个项目。教师们可以对干预措施提出意见（以填写问卷的形式），并答复他们是否打算在自己的班级里将其推行。

简而言之，87% 的教师认为该项目是"好"或"非常好"的。此外，超过三分之二的教师计划在自己的班级里至少使用其中的一些建议措施，另外 25% 的教师表示他们会推行干预项目。

这些结果表明，该项目是以实际学校日常生活为基础的，教师们认为，在自己的班级和学校中实施我们提供的干预项目是可行的，也是必要的。对于另外约 500 名挪威教师的调查也得到了类似的结果。

干预项目概述

一般先决条件

- 认知和参与

学校层面的措施

- 问卷调查
- 关于欺凌问题的校级专题会议
- 在课间休息和午休时间加强监督
- 对学校操场的情况多加关注
- 设置求助热线
- 家校联合会
- 改善学校社交环境的教师小组
- 家长圈

班级层面的措施

- 制定反欺凌的班规；阐明、表扬和惩罚
- 常规班会
- 角色扮演，相关主题阅读
- 合作学习
- 常见的正向班级活动

- 班级家长会

个体层面的措施

- 与欺凌者和受欺凌者进行严肃谈话
- 与欺凌者的家长进行严肃谈话
- 对欺凌问题保持敏感态度
- 来自"中立"学生的帮助
- 家长的帮助和支持
- 受欺凌者和欺凌者家长的讨论小组
- 换班或转学

以上提出的一系列措施构成了一个相当全面的干预项目。我们认为上述所有措施在解决欺凌问题方面都是有用的。同时，根据我们的经验和本书第三章的分析阐述，已经确知其中某些措施对于项目取得积极的效果尤为重要。在本书第四章，我将讨论这些特别重要的"核心措施"。

·目标

干预项目的主要目标是尽可能地减少——最好是完全消除校内外存在的欺凌问题，并防止新的问题产生。

很自然地，我们往往会首先聚焦于所谓的"直接欺凌"。如前文所述，直接欺凌即对某一个学生进行相对公开的攻击，可能包括语言、手势、面部表情或身体接触。然而，减少和预防"间接欺凌"也必须纳入我们的目标。遭受间接欺凌的学生会被排挤在同龄人群体之外，并在和班上其他学生交朋友时遇到困难。

直接欺凌和间接欺凌之间有明确的关联，成为直接欺凌目标的学生通常会被同龄人孤立和排斥。但也有相当多的学生，即使没有成为其他学生公开攻击的目标，也会感到孤独和被孤立。干预项目也应该解决这种形式不太明显的欺负。

上述目标都是负面表述：它们涉及减少、消除和防范欺凌问题。当然，它们也可以用正面形式描述：实现校内更好的同伴关系，并创造条件使受欺凌者和欺凌者在学校内外更好地相处、生活和学习。

对于受欺凌者来说，这可能意味着在学校更有安全感、更自信，感到自己至少被一两个同学喜欢和接受。对于欺凌者来说，"更好地生活学习"意味着更少地以攻击性反应面对周围的环境，以更能被社会接受的方式维护自己的立场。从本质上讲，这相当于缓和了欺凌者的消极和敌对反应，同时强化了他们的积极行为。

·认知和参与

在以学校为主的干预项目中，有两个基本前提对实现目标非常重要：

- 在某种程度上，学校和家庭中的成年人能够意识到学校中欺凌问题的严重程度；
- 成年人愿意以某种程度的严肃态度参与改变这一情况。

前文介绍的研究结果清晰表明，在斯堪的纳维亚的学校（以及其他许多国家的学校）里，欺凌是一个相当严重的问题，没有一个学校的环境可以被视作是绝对安全的。无论何时，当几个学生凑在一起，特别是当他们不能自主选择同伴成员且没有成年人在场时，就可能出现欺凌的倾向。这是合理的一般假设。

但要具体解决某所学校的问题，就必须收集有关该校更详细的信息。一个很好的方法是通过"欺凌者/受欺凌者问卷"（见第7页）进行匿名调查。如前文所述，该问卷提供的信息涉及学校欺凌问题的程度、教师干预的频率、校方与相关学生谈话的频率以及家长对子女在校内行为和经历的了解程度等。此外，问卷结果还能显示各年级中被卷入欺凌事件的学生（男生/女生）的绝对数量。将被调查学校的数据结果与第一章中针对挪威或瑞典学生的大规模研究结果进行比较，往往能得到很多信息。

摸清某所学校中欺凌问题的严重程度，是干预项目良好的起点。即使学校里出现的欺凌行为数量相对有限，也绝不能沾沾自喜。我们最终的目标必须是完全消除学校中的欺凌行为！

记录某所学校中欺凌问题的数量，往往能让家长和教师更清楚存在的问题，并促使他们立即采取行动。成年人参与抵制欺凌行为是推进学校实施干预项目的一个基本前提。此外,重要的是,成年人不该把欺凌看作青少年人生中不可避免的一部分。

这还隐含了一个信念:用相对简单的方式就能完成复杂的工作。同时,我想强调的是,增加对欺凌问题和相应对策的了解,对于获得好的结果来说非常重要。

学校层面的措施

如干预项目概述所示,反欺凌措施可以在学校、班级和个体层面上实施。原则上,学校层面的目标群体是校内全体学生,而非只关注被认定的受欺凌者或欺凌者。这些措施旨在培养态度,创造降低整个学校欺凌程度的条件。其中一些措施的额外目标是防止出现新的欺凌问题。大体来说，班级层面的措施也可以用同样的方式来描述，只不过我们要将整个班级（班里的所有学生）作为目标对象。个体层面的措施则是为了改变单个学生的行为或状况，其目标主体是那些被确认或有可能卷入欺凌事件的学生——无论是欺凌者还是受欺凌者。

我们首先来讨论学校层面的措施。

·校级专题会议

当学校决定启动抵制欺凌的系统性措施时，组织一场与之相关的校级专题会议是很有必要的。除了校长和老师外，学校心理辅导师、顾问、校医以及被选定的家长和学生也可以参加。理想的情况是，所有参与者都在参会前读过这本书。

如果校方已经获取了学生们的问卷调查结果，在会上将其展示并进行详细的讨论是非常有价值的。也可以播放关于欺凌的介绍录像[68]。

校级专题会议的目标应该是让全校达成长期的总体行动计划。为使计划足够详细，每所学校都应该留出足够的时间来讨论其选定的措施。其中一些措施可能需要根据学校的具体情况进行一定程度的修改和调整。

即使不同的教师选择在自己班级中推行的干预项目各有侧重，我们也非常希望其中某些措施和原则能得到普遍认同（参见第四章）。如果校级专题会议能成功达成某种程度的集体承诺，以及对选定措施的责任感，将会带来很大的益处。

·监督和户外环境

大多数欺凌行为发生在学校，而不是上学及放学的路上（见第18页）。如前文所述，在课间休息和午休时间，教师占比相对较大的学校，欺凌现象会较少发生。因此，有足够数量的成年人在休息时间与学生一起在室外活动是很重要的，在午餐时间，学校也要对学生的活动进行良好的监督（许多学校的学生在午餐时间完全没有成人监督）。一个简单的预防措施是，确保学校有一个可以在课间和午休时段顺利执行的监督计划。

当然，在课间休息时，教师和其他成年人仅仅在场是不够的；他们还必须做好准备，在欺凌发生时迅速果断地进行干预——包括疑似欺凌的情况。即使疑似的受欺凌者声称整件事"只是在开玩笑"，也不能无条件地全盘接受这一说法。这类事件发生后，应加强对相关学生行为的关注。通常可以从学生的语调、面部表情和现场气氛判断是否有欺凌行为发生。干预的指导原则应该是：宁可过早，也不要太迟。

成人以坚定、一致的方式进行干预，传递着一种重要的态度："我们不接受欺凌行为。"这种干预会向欺凌者和可能参与欺凌活动的其他学生发出明确的信号，它也意味着对潜在受欺凌者的支持。负责监督的教师可能认为课间待在室内会避免欺凌问题的发生，但这实际上意味着把弱小的学生留给欺凌者摆布。而如果教师休息时间待在室外，但不进行干预，则意味着对欺凌行为的无声纵容。这等于在清楚地告诉欺凌者，他们可以继续自己的行为，无须担心任何负面后果。

一些教师对课间监督态度消极，声称自己不想"像个警察一样"，这表明他们对"监督"的看法非常狭隘。他们忽视了这样一个事实——警惕且专心的成人监督可以非常有效地改善受害学生的处境。即使这样的监督不能使攻击性欺凌者的性格发生明显变化，若成年人对欺凌行为持一贯反对的态度，其积极影响也是不可低估的。当然，强化课间监督并不是唯一需要采取的措施。

我想强调的是，我的任务不是对"教师理应进行多少监督"这一问题表达立场，尽管这当然是一个值得商议的问题。重点是，学校必须为学生提供良好的成人监督环境，监督者可以是教师，也可以是其他人。

为了更好保证学生的安全，负责监督的成年人必须对课间休息时段的情况进行信息收集。除了进行干预外，观察到欺凌行为或欺凌企图的教师还应该将此事告知相关学生的班主任。这样一来，我们就可以及时发现欺凌的苗头，并在早期阶段予以抑制。

正如前文所述，大量欺凌行为是高年级学生对低年级学生实施的。考虑到这一点，学校也可以通过时间和空间上的特定安排来预防欺凌发生。例如，将低年级和高年级学生的休息时间错开，或者安排他们在学校操场的不同区域活动。

在校内，欺凌行为往往会在某些特定区域发生得更频繁，例如洗手间就是一个应给予特别关注的"风险区域"。校园里还有一些隐蔽区域可能会发生欺凌行为，成人较难发现，应给予其特别的监视或消除其隐蔽性（如果可能的话）。

抵制欺凌的另一个方法是打造设施齐全、具有吸引力、能够催生积极活动的户外环境。某些学生可能更容易在无聊时实施欺凌，作为使学校生活更刺激有趣的手段。同时，一个布局合理、规划良好的操场也会吸引成年人更多地参与到学生活动中。

·设置求助热线

当一个学生在校遭受欺凌时,他本该很自然地向父母、教师提及此事。然而不幸的是,被欺凌的学生通常是焦虑不安的,可能不敢将目前的情况告诉任何人——部分原因是担心一旦成年人采取了行动,欺凌者会进行报复;也有可能受欺凌者或他的父母已经将此事告知了班主任,但被教师以某些理由打发了。

在这种情况下,求助热线可能就非常有用了。一个与学校密切相关的人,比如校内的心理辅导师、顾问或相关教师,可以每周花几个小时来接听想要匿名谈论自身情况的学生或家长的电话。

求助热线接听者的主要任务是倾听和给予支持,并试图了解情况。如果求助热线接听者认为有必要进行更深入的讨论,应该慎重地鼓励求助者进行更多电话联系。在很多情况下,从长远考虑,求助热线的目标应该是实现来电者与求助热线接听者的私人交流。求助热线接听者的任务也可以是与相关教师及其他与事者谈话(参见"个体层面的措施")。追踪求助者的情况是非常重要的,在有确切的迹象表明问题已经或正在得到解决之前,不要让事情不了了之。

如果来电者听起来比较"坚强",接听者可能就没有必要过于积极地介入。电话交谈也许足以给他充分的勇气,鼓励他自己去找教师或他人解决问题。

如果教师、学生和家长之间有良好、公开的沟通,求助热线或许就并无存在的必要了。但在情况不那么乐观的学校和班级,求助热线对那些不能或不愿使用学校常规沟通渠道的学生或家长来说是有帮助的。一些欺凌者的家长可能也会借助这种沟通系统,在处理孩子的问题上寻求帮助和建议。

受人数限制,不一定每所小型或中型学校都有自己的求助热线。因此,同一地区的两所或更多学校可以共享一条热线。

如果学校决定设置一条求助热线,可以借由公告、向学生通知、给家长写信等方式让相关人员知晓。

·家校联合会

有效应对欺凌问题,学校和家庭之间的密切合作是非常必要的。双方可以通过家长会的形式进行合作,邀请所有或部分家长(例如仅低年级学生的家长)参加,或与全班学生的家长会面。其他可能的形式还包括班主任和家长之间的单独谈话,以及非正式的电话联络,等等。通常情况下,最好同时或在不同阶段利用其中几种或所有的沟通形式来防范学校中的欺凌行为。学生也可以参与校方和家长之间的某些沟通活动。

如果学校决定加大打击欺凌行为的力度，则需要将之告知学生家长并邀请他们参与。一个很好的办法就是在家长会上提出这个问题。如果学生们已经完成了关于欺凌问题的问卷调查，那么可以在会上宣布（校方及各个年级）问卷调查的结果。由学校心理辅导师或其他专业人士对校内已知的欺凌程度、机制和原因做总体介绍。学校应该邀请与会者讨论之后的行动计划以及校方希望实施的具体措施，同时强调这些措施在抵制欺凌行为中的具体作用。

学校还应该告知家长，教师会全方位关注欺凌问题，即使是那些情节较轻的欺凌行为和社交孤立，也会得到校方的关注。这可能会导致教师与家长的联系增多。反过来，如果家长们怀疑自己的孩子正在遭受欺凌或欺凌他人，学校应该鼓励他们及时与教师联系。

当然，学校开放和积极的态度可能会导致教师与家长之间出现一些"不必要"的联系。这可能会被教师视为额外的负担，但另一方面，这种沟通的增加是实现双方更紧密合作的起点，不仅是关乎欺凌，也关乎其他重要事项。

家长会的会议记录和相关计划应在会后发给所有家长。如果已经决定召开会议，就有必要在给家长的信息中强调这一点。这样一来，未能参会的家长也将有机会积极参与后续的工作。

·改善学校社交环境的教师小组

重要的一点是，不要让学校或社区的反欺凌行动成为一场表演，短暂的热潮很容易被其他新鲜事取代。凡是有人聚集的地方，就可能出现欺凌行为，因此我们必须时刻准备好在学校中抵制这种倾向，必须保持对这项工作的参与感和热情。此外，如前文所述，让教师、家长和学生了解更多应对欺凌问题的有效方法至关重要。

实现目标的方法之一是让每位教师都成为学校社交环境发展小组的一员。以5~10位教师为单位的小组可以定期开会，例如每周一次，持续数周。教师们可以在会上讨论学校存在的各种问题，分享彼此的经验，从成功和失败的经验中相互学习。

小组活动首先应该自然而然地聚焦于欺凌问题的各个方面，比如根据本书和其他资料对有关欺凌的一般问题进行批判性讨论；根据问卷调查的结果和教师的观察，讨论在学校和各个班级中存在的欺凌问题；最重要的是，教师们要讨论合适的措施，为校方制订共同的行动计划。

即使对于在这一学年中，班级内鲜少发生欺凌事件的教师来说，参加社交环境发展小组也是有价值的，因为班内的情况在短时间内就可能会发生很大的变化。此外，大多数教师或多或少都有监督课间活动的责任，很可能会在校园里目睹欺凌事件。

会议上讨论的、与欺凌无关的问题日后也可能会带来助益，如其他类型的纪律问题、家长和学校之间的沟通及一般教学问题。在讨论一个或多个这样的话题后，最好回到欺凌问题本身。这可以给教师机会评估学校的现状，获知已经实施的措施取得了多大的成功，还应该做出哪些额外的努力，等等。

邀请学校心理辅导师（或学校顾问、社会义工）参加其中一些小组会议也是合适的。如果有一个或多个班级内存在严重的欺凌问题且得不到有效解决，以上人员的存在可能就格外有价值。

社交环境发展小组的规模不应该太大，每个小组中的教师人数上限大概为10~12人。因此，教师较多的学校需要成立多个小组。在这种情况下，各小组之间进行信息交流将很有助益，可以专门安排会议日，以协调并整合迄今获得的经验。

如果出于实际情况或经济原因，学校的教师无法全部参加小组，那么可以考虑尝试其他方法。其中之一是先成立一个或几个小组（比如由对该问题有强烈兴趣的教师组成）作为试点，待该小组运作一段时间后，再考虑组建更多的小组。

当然，也可以通过其他方式成立小组，或许先以某个部门作为试点更为顺理成章。这个问题，以及小组内部的领导和组织问题，最好留给各个小组和学校自行决定。然而，如果这些小组会议想要有效地实现目标，小组就必须有一定的纲领和结构。

社交环境发展小组可以成为反校园欺凌的重要工具，可以为我们提供宝贵的新经验，有助于保持教师的参与积极性。那些经常不得不独自处理各种班级问题的教师会感觉自己是"教师互助小组"的一分子，可以在小组中相互学习、相互激励、相互支持。由于小组会议可以讨论、处理学校的整个社交环境问题，它将对学校的内部运作以及学习计划的核心目标发挥重要作用。

社交环境发展小组还有利于教师们对校园欺凌行为达成共识。如果学校中的成年人对类似情况的反应相对一致，反欺凌措施显然就更容易取得成功。如果学生们注意到，教师在处理不同的欺凌事件时行为上存在差异，就会削弱反欺凌措施的效果。教师之间深入讨论、达成共识态度，将有助于校园中的成年人在欺凌情境下做出更一致的行为。此外，共同的行动计划将增加教师个人的安全感，认为自己所做的事更有意义。

·家长圈学习小组

不仅是校内人员，家长之间尝试达成关于欺凌的共同态度也是至关重要的。如果教师和家长对欺凌行为的反应非常相似，获得理想结果的可能性就会大大增加。

实现这一目标的方法之一是，让家长（像教师一样）进一步了解欺凌问题及处理方式。家长圈在这方面承担着重要的任务，可以组织一系列的会议——例如在家长圈中介绍并讨论本书及其他关于欺凌问题的文献，也可以邀请教师和校方其他代表参加其中一些会议，将学校在此问题上所做的工作告知家长们。这种小组活动对于家长的作用，等同于社交环境发展小组对于教师的作用。

班级层面的措施

·关于欺凌问题的班规

教师和学生在关于欺凌问题的基本准则上达成一致,十分有助于对抗欺凌并在班级中创造更好的社交氛围。尽管可能已经存在一些通用的校规或学生行为准则,制定一套专门针对欺凌行为(包括直接和间接的欺凌行为)的规则仍然非常重要。

应采用尽可能具体明确的方式阐述这些规则。

以下的一些规则尽管被证实非常有效,但也不应被视为一套固定不变的章程。让学生参与制定规则的讨论十分重要。通过这种方式,他们或许可以在遵守规则时体会到更强的责任感。班会("社交时间",见下文)可能是进行这种讨论的合适场合。可以把得到全班一致同意的规则张贴在班级公告栏或其他显眼的地方。

在与学生讨论欺凌问题之前,教师有必要仔细思考这些规则以及可能的替代性规则。预备性的讨论可以在上文提到的社交环境发展小组中进行。

具体而言,从以下三条规则着手较为顺理成章:

①我们不应欺凌其他同学。
②我们应尽力帮助被欺凌的同学。
③我们应当特别注意,让那些容易被忽视的学生参与进来。

这三条规则既针对直接欺凌(对受害者进行相对公开的攻击),又针对间接欺凌(社交孤立、将他人排斥在同龄人群体之外等)。

必须让学生明确哪些行为适用于这些规则,教师可以通过几种方式进行说明。例如把前文提到的录像播放给学生看，以此作为讨论的基础，录像从多个方面对欺凌问题进行了阐述。

另一种可能的方式是利用可以在课堂上公开朗读的儿童和青少年文学作品选段[69]。教师在选择材料时必须慎重，因为很多关于欺凌问题的文学描述都基于对欺凌双方的错误认识，不具备实际指导作用。例如，欺凌者可能会被描绘成外表强硬但内心非常焦虑且缺乏安全感的学生，或者将受欺凌者的异常外部特征描述为其遭受欺凌的主要原因。尽管在个别案例中确实存在这些情况，但在对欺凌问题进行普遍讨论时，以这类文学描述开场通常是很不妥当的。

朗读文学作品的目的应该是增加学生对受欺凌者的同情心、向学生展示欺凌的机制，而不是教给学生新的欺凌方式。

简单的角色扮演也是一种有趣且有效的方法，可以使用班级中的具体情境或更普遍的欺凌情境作为主题，通过角色扮演，展示处于"中立"状态的学生可以如何抵制社交排斥的倾向并阻止正在发生的欺凌行为。学生的表演越真实，对现实发生的欺凌事件所产生的迁移效应就越大。角色扮演之后应该进行课堂讨论，述及表演和现实之间的关系。

如前文所述，教师必须让学生尽可能明白欺凌问题相关班规的内容。渐渐地，学生会对欺凌问题产生共识，能够更好地将欺凌事件置于适当的语境中。对好斗的学生,即欺凌者而言,具体解释这些规则尤为重要。研究结果和经验都表明,这些学生并不总能意识到他们的行为实际给他人造成了多大的伤害和痛苦。

讨论班规也会影响学生之间对待欺凌的态度,除此之外,被动参与欺凌的问题也可以被讨论。某些学生很少主动欺凌别人,但当他人带头时,就很容易配合实施欺凌。这些学生必须明白,被动的参与者也是"帮凶",对所发生的事情也负有责任。声称"事不关己"从而逃脱责任的做法是错误的。

学生们往往有这样的印象:如果他们告诉教师或家长自己或某个同学被欺凌了,就是在"打小报告"。教师可以尝试基于班规纠正并抵制这种观念。首先,教师应该指出班规的总目标是不接受欺凌(规则①);当学生报告有人被欺凌时,他是在遵守班级的规则(规则②),这种行为是被鼓励、认可和接受的。这不是在打小报告,而是对弱者(即受欺凌者)表示同情并站在他们那一边。

第3条规则的主要目的是抵制社交排斥和社交孤立的倾向。学生们当然可以自行提出建议,让那些常常被排除在游戏活动之外的同学加入各种集体活动。教师还可以向学生解释,孤独的儿童和青少年往往不善于与他人交往,也不善于回应他人的尝试性接触，这可能是缺乏训练或多次的负面经历造成的。因此，被孤立的学生有时需要周围人的支持和鼓励，以重建对同学的信任。

·表扬

教师的表扬和善意的关注是影响学生行为的重要因素。然而，北美地区的研究表明，教师在日常课堂上给予学生的表扬相对较少。无论是大方夸奖学生的行为还是学业成绩，都会对班级氛围产生良好的影响。如果一个学生感受到自己是被赞赏且相对受欢迎的，就能更容易地接受他人对自己不良行为的批评并尝试做出改变。对于欺凌他人的学生来说，表扬可能尤其有效。人们很容易忽视的是，那些具有攻击性、难以对付的学生，其实也做了很多值得赞赏的事情。

教师可以表扬单个、数个或全班学生积极遵守规则的行为，比如在有学生试图欺凌他人时进行了干预；发起或参与了让班上所有学生投入其中的活动，而不排斥任何人；主动将被孤立的学生拉到集体活动中；以及其他帮助别人、表示友好的行为。特别是好斗和容易受他人影响的学生，如果他们在通常会被激怒的情况下，没有做出攻击性的反应或参与欺凌，教师应该对他们进行表扬。

·惩罚

要想改变好斗学生的行为，教师（或其他成年人）仅仅提供善意的理解和大量的赞美是不够的。研究和经验表明，我们还必须使用惩罚手段（以某种形式给出消极后果）来处理不良行为[70]。最好的结果是一方面充分表扬积极活动，另一方面以持续的原则惩罚挑衅、违反规则的行为，将二者结合起来。

在有关反对欺凌的课堂讨论中，可以自然而然地谈到如何惩罚违反规则的行为。教师必须让学生参与到对这一问题的讨论中。

一般来说，重要的是采用易于实施的惩罚措施，让受罚者不适，又不至于引发敌意。如果可能的话，应该对"行为"和"人"加以区分：消极的手段不应该是针对个人的，要清楚地表明，惩罚针对的是"欺凌同伴"这类不被接受的不良行为。因此，教师通常应该清楚地说明，自己是针对哪些行为做出了惩罚。

选择惩罚措施时，也必须在一定程度上考虑学生的年龄、性别和个性。对某个学生不愉快的经历，可能对另一个学生来说根本不算什么。最后还要注意,学校生活之外的部分,比如额外的家庭作业,通常不应被用作一种惩罚手段。

下面列举了一些可以采用的惩罚措施:

①与学生进行严肃的单独谈话。
②某些课间时段,让学生坐在校长办公室的外面。
③让学生在另一个班级中待上至少一个小时,比如和低年级学生在一起。
④课间休息时让学生待在监督的教师身边。
⑤让校长和学生严肃谈话。
⑥剥夺学生的某些特权。
⑦联系学生的父母,告知情况,努力争取与他们合作,以改变学生的行为(详见"个体层面的措施")。

从多个角度来看,让好斗的学生逐渐学会服从规则制度至关重要。这类学生往往比较冲动且不习惯考虑别人的感受。他们的家庭状况可能相当混乱,因此当他们违反家里的规定和规则时,父母鲜少给出一致的消极反馈。有时候,父母会对他们的行为暴跳如雷、进行体罚。生长在这种环境中,形成了类似的性格,也就无怪这些具有攻击性的学生日后违反法律和社会规则的可能性更大了[71]。鉴于这种背景，采取反欺凌措施不仅是为了帮助受欺凌者，也是为了帮助欺凌者。事实上，在学校里坚持落实规则制度，可以帮助好斗的学生，教会他们尊重他人，并在日后更加尊重社会法则。

·班会

对班级来说，就以下事宜展开讨论十分重要：制定并阐明反对欺凌的班级规则，确定对违规行为的惩罚措施。为了取得更长久的效果，有必要对班内情况进行定期追踪评估。

所有这些讨论都可以在班会（"社交时间"）上进行，教师和学生都要参与其中。当然，确定班会的内容和大纲时，要考虑学生的年龄和成熟度。大部分的时间可以用于讨论班级和校内的人际关系，即学生互动以及学生和成人互动的不同层面。

为了促进班级成员之间的亲密关系、增加眼神交流，班会时可以安排学生和教师围坐成圆圈或半圆[72]。教师是活动的主持者。班会应该定期举行，可以是每周一次，最好在临近周末时（但通常不应安排在周五放学前的最后时段）。通过这种方式，可以回顾和讨论过去一周的活动，并为下一周的活动制订计划。

留出足够的时间讨论欺凌问题很重要，尤其是在初期阶段。这将有助于学生对该问题保持兴趣和关注，可能很快就会对他们的态度和行为产生影响。例行回顾过去一周的情况，预计会产生较大的群体压力，尤其是对于有欺凌倾向的学生来说。众所周知，这种理想情况下由同龄人和成年人共同执行的社交控制，往往是影响具有攻击性和反社会倾向儿童行为的有效方法[73]。学校心理辅导师或顾问有时也可以参加班会。

尽管在斯堪的纳维亚的综合学校中，班会是一种业已存在的正规形式，但鲜少产出有意义的内容。应该把反欺凌作为一个常规且重要的话题在班会中强调。此外，有关欺凌的话题也可以成为引出校内生活中其他重要问题的宝贵手段。

·合作学习

合作学习是一种在美国发展起来的教学方法。顾名思义，它指的是团队合作，不过是一种特别的团队合作。大量的研究[74]表明，它不仅对学生的学业成绩有好处，在其他方面也卓有成效。与其他学生相比，参加合作学习小组的学生更容易接纳彼此，也能更积极地帮助和支持彼此，对其他种族或国籍的小组成员更少产生偏见。尽管对于大多数班级来说，取得这样的成果通常都很有助益，但在本书的语境下，我想试着从预防和抵制欺凌的角度来探讨合作学习。

合作学习时，学生会组成一个小组，为一项共同的任务而努力。根据任务类型，小组可以包括2~6个学生不等。成员围坐成一个圈，距离要足够近，以便在不打扰其他小组的情况下相互交流。教师在进行指导时，需要向学生明确指出，小组的整体表现很重要，被评估和打分的也是整个小组的表现。同时应该强调，每个小组成员都必须有能力展现本组的学习成果或解决问题的方案（"个人责任"）；此外，每个成员都要对本组其他成员规定完成的学习任务负责。

合作学习的一个基本特点是，教师通过布置任务使小组成员之间产生相互的积极依赖。可以通过几种不同的方式来实现这一目标。例如，教师可以要求小组交出一份共同答案或书面作业。每个成员都要在报告上签上自己的名字，表明自己支持小组的决定，并有能力对其进行说明。在这种情况下，特别要强调的是，每个成员都必须有能力对小组的结论负责。教师可以从每个小组中随机挑选一名学生，让他解说组员们是如何得出结论的。

教师还可以通过其他类型的小组奖励或打分，使组员间形成相互的积极依赖。以外语词汇学习小组为例，教师可以根据小组成员们掌握的总词汇量进行评估和奖励。另外，也可以安排学生以小组为单位完成某些算术作业，但要对每个学生单独测验评分，然后根据达到指定分数的人数评定小组最终的成绩。有些教师还会奖励全部成员都完成了任务的小组，比如增加他们的自由活动时间或为他们安排一些有趣的活动。有时，小组的目标可以很简单，如本周比上一周解决了更多某一类型的问题。

经常对各小组的内部情况进行简单评估十分重要。可以让成员们简要说明小组哪些方面做得特别好，哪些方面又做得不够好，需要继续努力。

为使小组中包含不同水平的学生，通常由教师负责分组。考虑到可能出现的欺凌倾向，教师要根据他对学生之间人际关系的了解进行分组，这很重要。

如果教师不确定自己是否对班中的人际关系有准确、充分的了解，可以让学生们写下自己希望挑选的三个组员的名字。通过这种方式，很容易发现哪些学生没有被任何人选中。然后，教师可以以这些被孤立的学生为核心成员，再挑选其他积极且友好的学生建立小组。也可以在一定程度上考虑学生的偏好，让学生与他挑选的其中一位小组成员以及教师选择的其他几人一起学习。

对于欺凌者来说，小组成员的选择也很重要。一般来说，将欺凌者和可能的受欺凌者安排在同一个小组是不合适的——至少在初期阶段不应如此。让几个欺凌者，或欺凌者及其追随者（"被动型欺凌者"）一起学习也不可取。相反，教师应该尝试将欺凌者与强壮、安全且没有欺凌倾向的学生组成一组，之后可以再试着让欺凌者与受他欺凌的学生成为同组组员。然而，这样做的前提是，欺凌者已经在一定程度上改变了自己的行为，或者受欺凌者在小组中已有一个或多个可以在他遭受欺凌时提供支持的盟友。教师必须密切关注小组内外发生的事情，如果出现了太多问题，就要考虑解散小组。

教师不可能事先规定某个小组的存在时间，但一般来说，一个小组应该在足够长的时间中持续不解散，以便在过程中取得进展。同样重要的是，小组成员之间要足够了解彼此。让每个学生有机会在学期或学年中与其他同学一起学习，这是好事。这有助于缓解班级中的紧张关系和冲突，提高凝聚力和学生满意度。在存在欺凌问题的班级中，为了判断某个小组应该持续多长时间，有必要特别关注相关学生在各自小组中与他人相处的情况。

必须强调的是，合作学习只是教师可能使用到的一种特殊教学方法。此外还应该强调，它不能替代我们之前提到的措施（如召开班会、制定反欺凌的班规），而只是一种辅助手段。关于合作学习，更详细的描述可以在约翰森等人[75]和斯莱文[76]的著述中找到。

·积极的群体活动

关于欺凌的讨论会自然而然地集中在"问题"上，聚焦于"错误的事情"，但是积极正向的群体活动，比如全班同学不时聚在一起，进行一些消遣，也可以对学生之间的关系产生重要影响，使学生体会到一种团结的感觉。这类活动可能包括聚会、周末野外考察、野营或舞会。如果学生的家长能够参加其中一些活动，也是有益处的。

虽然这些活动是为了让学生受益，但教师应该意识到它们可能会对一些学生产生相反的影响。在这种情况下，被欺凌或被排挤在群体之外可能会令学生格外痛苦。因此，重要的是以一种妥善的方式，确保所有的学生都能感受到参加群体活动的快乐。

· 班级家长会

欺凌问题和班级环境的积极发展都可以作为班级家长会的主题，也可以邀请学生参与其中。但是在讨论这些问题时，应该自始至终使用比较笼统的措辞，最好避免提及欺凌者或受欺凌者的名字。教师应在会议邀请中事先声明这一点。这样做并不妨碍对话题的深入讨论，无论是一般问题还是针对特定班级或学校的具体情况。家长会开始时，可以首先提到调查问卷结果和教师观察，或者播放录像[77]。

在讨论欺凌的本质时，应考虑家长、教师和学生可以做哪些事情来抵制欺凌。在这样的情境中，建议和提议要针对所有家长（而非只针对欺凌者或受欺凌者的家长，另见"个体层面的措施"）。

除此之外，家长应向自己的孩子明确表示，欺凌行为是不可接受的。家长应该与孩子讨论这个问题，特别是孩子自己班级里的欺凌问题。家长可以询问孩子班上是否有人遭受过直接的欺凌，或者是否有人经常被排挤。家长也可以设法了解孩子对可能存在的受欺凌者抱有多少同情心，又是否愿意做些事情来帮助受欺凌的学生。

同样重要的是，家长还应与孩子讨论被动参与欺凌的责任问题，以及汇报有人遭受欺凌是否会被视为打小报告（见第85页）。最后，家长要考虑，能否鼓励孩子及其同伴以某种方式帮助受欺凌的学生。可以建议孩子邀请被排挤的学生一起去看电影或野餐，或者邀请对方来家里做客。

谈论这些问题可以让父母更了解孩子在学校的生活，并对之更加上心。这当然是一个积极的结果，符合"实现学校和家庭之间密切合作"的总体目标。

虽然我们不建议在家长会上讨论单个学生的情况，但这样的讨论可以在会后私下进行。经由一般性的讨论开场，教师和家长就单个学生的人际关系进行交流。这类讨论最好一对一面谈或在电话中进行。如果需要的话，可以对问题进行后续追踪并商定一套对策。在这种情况下，通常也应该让其他学生和家长参与对策的执行过程（见"个体层面的措施"）。

在班级家长会和单独的讨论中，教师都需要表现出鼓励家长讨论孩子在校经历的态度，这尤为重要。即使家长毫无依据地担心自己的孩子遭受了欺凌，教师也必须让家长感受到，他们可以随时表达这些担心。然而不幸的是，经常会出现这样一种情况：就算孩子真的遭受了欺凌，当父母试图了解他在校的情况时，也会被教师随意搪塞。

对于想要讨论潜在欺凌问题的家长，教师仅仅表现出开放和鼓励的态度是不够的。瑞典的学校有明确政策规定，校方有义务积极参与此类事务。瑞典的官方教育政策中提到[78]："学校必须主动与家长联系，以促进必要的合作。""确保联系业已建立的责任由校方承担。"从政策内容可以看出，它并不局限于学生的学习成绩，而是适用于学生在校的整体情况。

在这种情况下，卑尔根研究中大约1 000名家长的回答相当耐人寻味。如果孩子涉及欺凌事件，无论他们是欺凌者还是受欺凌者，无论教师是否只是怀疑有欺凌行为发生，绝大多数家长都强烈表示希望得到学校的告知。这一发现与以下事实形成鲜明对比：受欺凌者和欺凌者的父母对事态知之甚少，或只在有限的程度上与自己的孩子谈论过这个问题（见本书第一章中学生的问卷结果）。这是一个需要学校做大量工作以改善情况的领域。

另一方面，如果家长知道或怀疑自己的孩子在学校遇到了问题，那么和学校取得联系当然是非常可取的。当学校和家长都愿意交流信息并听取对方的意见时，取得良好效果的可能性就会大大增加。

欺凌是一个会影响众多学生的问题，因此应该在个人咨询中定期被提出和讨论。

个体层面的措施

· **与欺凌者严肃谈话**

如果教师知道或怀疑班级中存在欺凌行为,那么在采取行动时不应拖延,要与欺凌者、受欺凌者立刻进行对话。

与欺凌者谈话的主要目的是让其停止欺凌行为。必须向欺凌者传递清楚无误的信息:"我们的学校/班级不接受欺凌行为,请你立即停止。"若有多名学生参与欺凌,要尽快与他们分别进行谈话，这样他们就不太有机会对这个问题进行内部讨论或共同谋划一套说辞。

许多欺凌者除了相当强硬和自信外，还善于为自己辩解以摆脱棘手的情境。教师指出他们的欺凌行为时，必须提前做好欺凌者会尝试辩解的准备。此外，可以预料到欺凌者会尽量减少自己的责任，同时夸大其他人的过错。他们会将受欺凌者描述为具有攻击性、爱挑衅且愚蠢的人，并将之视作自己实施欺凌行为的理由。

在与所有的疑似欺凌者单独谈话后，也许可以将他们召集到一起，此时应当再次明确告知，不允许他们做出任何欺凌行为，如果他们未来实施任何欺凌，都会受到惩罚。

如果教师已经实施了前文描述的一些措施，例如确立反欺凌的班规，那么他与欺凌者谈话就会容易得多。这些措施提供了学生理解问题的基础，让教师有合适的"工具"抵制欺凌行为，如惩罚和班会制度。除了教师对欺凌者和受欺凌者的观察与单独谈话，班会也是一种极好的手段，保证预期的改变确有发生，并能长久持续。

如果教师采取的措施没有使欺凌者的行为发生改变，可能需要与校长或家长面谈（见下文），以强调事态严重。

· 与受欺凌者谈话

典型的受欺凌者会感到焦虑、缺乏安全感，通常不希望自己成为被关注的焦点，害怕将遭受欺凌的事情告诉成年人，担心这会让自己陷入麻烦。他还会频繁地被欺凌者威胁——如果有任何"告密"的想法，就会遭受更多的欺负。毫无疑问，这种威胁会使许多受欺凌者决定默默忍受，因为他们害怕"从油锅跳入火坑"。屡见不鲜的是，出于同样的原因，受欺凌者的父母会屈从于来自孩子的巨大压力而不与学校联系。许多家长会做他们认为对孩子好的事情——顺从孩子的意愿和恳求。

然而，这样的决定实际上给受欺凌的孩子造成了严重的负面影响。长远来看，如果不将此事公之于众，最终也将对欺凌者造成伤害。着手解决这一问题，能够促使欺凌者向更积极的方向转变。

种种考量清楚地表明了一点：我们在试图厘清欺凌状况时，必须尽一切努力保证受欺凌者得到了有效保护，免受侵扰。我们必须彻底跟进此事，直到完全或极大程度上消除了再次发生欺凌的可能。务必要使受欺凌的学生相信，成年人希望并能够给予他们所需要的任何帮助。在没有确保受欺凌者得到合理保护时，在班级中提及欺凌问题往往会让事情变得更糟。

为了给受欺凌者提供保护，学校和学生家庭之间通常需要密切合作和频繁的信息沟通。

如果教师或家长能在追踪事态前获得受欺凌学生的同意，通常很有助益。很明显，许多受欺凌的学生非常害怕负面后果，以至于不愿在这个问题上听从成年人的建议。在这种情况下，成年人必须承担起解决问题的责任，哪怕受欺凌者对此可能有所抗拒。无论如何，受欺凌的学生之后往往会因为事情终于被公开而得到极大的解脱。但必须再次强调的是，干预和介入欺凌问题的教师有责任为受欺凌者提供保护。

有时，欺凌状况可能会发展到相当恶劣的地步，事态急转直下，包括出现严重的攻击和侵扰。这种情况下，受欺凌者及其家人应迅速寻求专业帮助以应对糟糕的局面。这将减少受欺凌者冲动行事的可能，降低他们因此遭受长期严重影响的风险。

· 与家长谈话

发现班里的学生欺凌他人或遭受欺凌后，教师应该与家长取得联络——至少在这一问题引发了一定程度的严重后果时。这一做法不仅是合理且正确的，还顺应了父母对于知情的强烈需求，教师也可以寻求与家长合作来改变局面。

此外，教师通常应该安排一次会面，让受欺凌者、欺凌者及其父母都出席参加。这样做是为了充分探讨欺凌问题，并协商解决方案。重要的是，要尽力与欺凌者的父母建立某种程度的合作，并要求他们以恰当的方式管教孩子。如果受欺凌者的衣服或物品因遭受欺负而破损，可以在这种情形下合理提出金钱赔偿（例如从欺凌者的零花钱中扣除）。

会面不应该只有一次，要通过其他的后续会面跟进事态，对当下的进展进行讨论。当然，确保会面中商定的内容得到落实十分重要。这种会面有利于教师和相关学生的家长后续通过电话或当面交流信息。在较为理想的情况下，欺凌者的父母和受欺凌者的父母之间可以建立起相对积极的关系，这往往是解决问题的重要一步。

然而，多数情况下，欺凌者和受欺凌者的家长甚至在会面前就存在显而易见的紧张和敌对关系。这种状态下，在把双方家长召集到一起前，教师可以先与他们分别见面。如果根据教师的判断，安排双方的会面很棘手，那么可以让学校心理辅导师或顾问一同参加。

· 欺凌者的父母能做什么？

尽管消除校内欺凌问题的主要责任在于校方，家长也可以做很多事情来改善状况。如前文所述，对同龄人（和成年人）具有攻击性的儿童，未来出现反社会行为（如犯罪和酗酒）的风险会明显增加。因此，努力帮助欺凌者改变他们对周围环境的敌意、消极态度与行为很重要。关于欺凌者的父母可以做什么，我将在此提出一些建议，其中一些与前面介绍的规则、表扬和惩罚有关（见第82~89页）。

父母必须向孩子明确表示，他们会严肃对待欺凌行为，以后不会容忍任何此类行径。如果学校和家长始终能对孩子的欺凌行为做出严肃反应，孩子改变行为的可能性将大大增加。

如前文所述，有攻击性的儿童和青少年经常不遵守规则，他们的家庭关系可能是混乱无序的。鉴于这种背景，父母必须尝试与孩子一起商定简单的家庭规则。最好把这些规则写下来，贴在家里明显的位置。

重要的是，当孩子遵守商定的规则时，父母要给予他足够的表扬和赞赏。如前文所述，如果孩子觉得自己在某种程度上得到了喜爱和赞赏，就更容易改变自己的攻击行为。

然而，若孩子违反了商定的规则，就必须承担后果，接受某种形式的惩罚。因此在讨论家庭规则时，可以很自然地提出相应的惩罚。家长应该事先在一定程度上考量什么样的惩罚是合适的（关于如何选择惩罚措施，参见第 87~88 页）。惩罚应引起欺凌者某种程度上的不适或不快，但绝不能使用体罚。

通常，欺凌及其他不良行为往往发生在成年人不在场或不知情的情况下。因此，父母必须努力了解孩子的朋友是谁、他们通常会做什么。想要了解更多这方面的情况，一个好办法是与孩子及其朋友们相处。与孩子在一起能创造共同的积极经历，也能更好地了解孩子的个性与社交情况。通过这种方式，父母与孩子可能会逐渐形成一种彼此更加信任的关系，孩子会更容易受父母影响，因此更倾向于听从父母的意见；父母也能借此减少孩子的攻击性，帮助他培养更恰当的反应模式。许多欺凌者的活动能力、体力和对支配地位的渴求或许可以通过更积极的方式加以运用，例如让他们参加足球、橄榄球或冰球等运动，说不定会发现孩子这一方面的特殊才能，可以进一步鼓励发展。

·受欺凌者的父母能做什么？

如果父母知道或怀疑自己的孩子遭受了欺凌，而学校没有告知此事，他们应该尽快联系教师。目标是按照上述讨论思路，与学校就这个问题达成合作。

典型的被动型受欺凌者往往很焦虑，缺乏安全感和自信，少有或没有朋友，因此对父母而言，必须尽力帮助孩子"提高适应能力"（这与他们当下所受的欺凌无关）。提高受欺凌者自信的一种办法，是鼓励其发展潜在才能和积极的品质。这或许可以帮助他们更好地维护自我立场，最好是能在同龄人之中维护自己。

至少在男生之中，典型的受欺凌者一般会比其他人身材弱小，甚至存在"身体焦虑"。因此，可取的做法是让受欺凌的学生进行某种体育训练（如果他有兴趣的话），并尝试参与一些合适的运动。即使他们在运动中表现的机会有限，锻炼也可以使他们的身体更加协调，减少其"身体焦虑"，提高自信心。这会让孩子向周围的环境"发出不同信号"，进而有利于改善同伴关系。

通过参加体育运动或某种擅长的活动，受欺凌者可能会接触到以前不认识的同伴。一个新的环境相当重要，因为在这里，孩子不会受到同龄人对他固有负面评判的影响。这为受欺凌的学生提供了"新的机会"。如果孩子能够在新的群体中交到至少一个朋友，会相当有帮助。

为了改善孩子在学校的处境，父母可以鼓励他积极与班上（或其他班级中）一些情绪稳定、友好的学生接触。如果双方有共同点，例如有相似的兴趣或性格倾向，将有所助益。可以从接触另一个孤独且被同伴孤立的同学开始。被排挤的孩子在尝试接触他人时往往不是很熟练，因此，家长（或者学校心理辅导师等）必须有足够的耐心帮助孩子，针对如何开启社交提出具体而详细的建议。他们还必须做好准备，给予孩子大量的支持和鼓励，因为孩子受先前失败的影响，哪怕在最轻微的逆境面前，也会倾向于选择放弃。

父母发现孩子被欺凌或被排挤时，会发自本能地尽力保护孩子，不让孩子失望。尽管这是为了孩子好，但从长远来看，可能会产生不必要的负面后果。父母的"过度保护"会加重孩子与同龄人的疏离，并对成年人产生依恋，这实际上抑制了孩子与同龄人建立关系的积极性。考虑到这一点，父母始终如一地支持孩子参与家庭以外的社交活动尤为重要。同时，父母应尽量慎重地追踪关注孩子的情况，并在一定程度上为事态的积极发展"创设"条件。

如前文所述，挑衅型受欺凌者自身的举动可能会导致欺凌行为。在这种情况下，父母（和教师）的一项重要任务是谨慎而坚定地帮助孩子，让他找到一种不太会激怒周边同伴的反应模式。如果挑衅型受欺凌者能够提高"社交技能"、更好地理解同龄人的"非正式社交规则",可能大有助益。此外,挑衅型受欺凌者和被动型受欺凌者有某些共同点,如缺乏安全感和自信,因此父母和教师也应遵循前文所说的、针对被动型受欺凌者的意见和建议。

然而,挑衅型受欺凌者往往脾气急躁,而且可能和欺凌者一样,难以遵从规则。因此,也可以使用一些前文讨论过的、涉及改变欺凌者行为的措施。挑衅型受欺凌者的行为中往往存在"过度活跃"的成分。在更为棘手的情况下,可能需要寻求具有相关专业知识的儿童心理学家或精神病学家提供额外帮助。

·保持敏感态度

当然,教师可以根据学校的情况和对学生的了解,以多种不同方式帮助受欺凌者或欺凌者找到更恰当的反应模式。前文("欺凌者/受欺凌者的父母能做什么?")简要介绍了这一措施的总体指导原则。

例如,教师可以让受欺凌者和一个更受欢迎的学生一起完成某项对班级有价值的任务,然后向全班展示结果。北美地区的研究表明，这样的安排可以提高人缘不佳的学生受欢迎的程度[79]。然而，教师必须谨慎地为受欺凌者布置任务，避免学生处于无法应对的情境中，否则可能事与愿违。

另一种方法是尝试与班中一些没有参与过欺凌、友好且机敏的学生建立非正式的合作。如果这样的"关键学生"愿意主动表现出对欺凌行为的积极反对，例如，在一定程度上保护受欺凌者，或"搅黄"欺凌者的行为，将会带来巨大的帮助。

·受欺凌者和欺凌者家长的讨论小组

为了帮助适应性方面有较大问题的学生，同时也为了帮助他们的父母，教师最好能邀请受欺凌者或欺凌者的父母，参加由受过专业训练的心理治疗师或项目组长主持的讨论小组。不同"类别"（即"欺凌者"和"受欺凌者"）学生的家长应该被安排在不同的小组中，因为他们面对的问题通常是相反的。在小组会面进行一段时间后，再将欺凌者和受欺凌者的父母安排在同一小组会面，这可能有助于双方家长从另一个角度看待问题。

· 换班或转学

出于多种原因，最好能采用所在班级和学校已有的措施"就地解决"业已发现的欺凌问题。然而，如果一再尝试解决，问题却始终存在，给学生换班或转学也是一种办法。

当班级中不幸出现了好斗学生的小团体时，学校应该在与相关学生家长协商后，将这些学生分配到不同的班级，甚至可以是不同的学校。拆散"团伙"往往可以获得良好的效果。在欺凌行为停止之前，把具有攻击行为的学生转走，会制造一种压力使学生做出改变。

首先要考虑的解决方案是转走好斗的学生，而非受欺凌者。然而，如果这样的方案并不可行，也可以考虑将受欺凌者转移到另一个班级或学校。在任何情况下，换班或转学都应该经过仔细的计划和准备，相关教师和家长应该相互协商，这会让问题成功解决的概率增加。

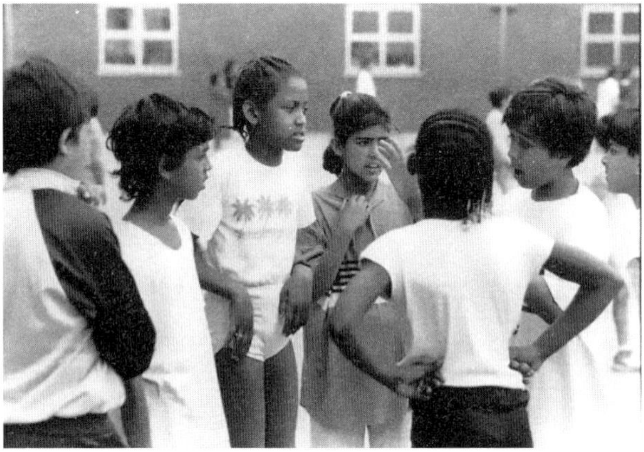

第三章 干预项目的效果

建立科学认知，

掌握有效方法，

更好地守护我们的孩子。

·干预项目的效果

本书第二章详细介绍了我参与设计的挪威反欺凌运动相关干预项目。在阅读了该项目的介绍后,读者会很自然地提问:这个项目有效吗?它能够减少学校或班级中的欺凌问题吗?对于其他可能与欺凌问题有关的行为,如反社会行为,项目是否也能发挥抑制效果?还有,在实施该项目后,学生对学校生活的满意度如何?是觉得更满意还是更不满意了?

一段时间以来,为了回答这些问题,我通过该项目在卑尔根42所学校的引介与施行,对干预效果进行评估。如前文所述,研究的对象是2 500名左右的男生和女生,他们的年龄在10~15岁,来自28所小学和14所初中(4~9年级)的112个班级。第一次评估在1983年5月,大约是在干预项目引入学校的4个月前;最新的数据则是在1984年5月和1985年5月收集的,分别在干预项目最初提出(1983年10月初)的8个月和20个月后。

干预项目包含以下主要物料:一本教师手册(与本书前两章的内容类似)、一个家长文件夹[80]、一部录像[81]和欺凌问卷。项目对各个学校欺凌问题的程度和性质进行了匿名登记,以此作为学校和家长积极干预的重要基础和起点。

此外，在向学校介绍项目的大约 15 个月后，我们与 42 所学校的工作人员召开了一次两小时的会议，向参与研究的每一所学校提供了单独的反馈信息[82]。这些信息来自学生们 1983 年参与作答的问卷，其中特别强调了问题的程度以及社会层面（教师、学生和家长）对学校具体问题的反应。同时，我们还介绍了该项目的主要原则和建议使用的干预程序，并与学校教职工进行了讨论。我们从经验中得知，许多教师对参与欺凌的学生有一些不准确的看法，所以我们特别强调了对这一议题的讨论和处理欺凌行为的适当方法。最后，教师们对该项目的多个方面，特别是其可行性和潜在效力进行了评价。总体而言，教师们对项目的这些后续补充环节以及项目本身都非常满意，这一点可以从他们的评分中看到（见第 63 页）。

在这里，我并非要展示教师们的评价结果，而只是想呈现我们的主要发现和研发干预项目所依据的关键原则。此外，我将通过 4 个子目标来阐释该项目，这些目标概括了项目的一些重要"信息"。对评估研究中更专业部分感兴趣的读者可以参考其他文献[83]。

· 主要发现

主要的研究发现可以归纳为以下几点：

- 在引入干预项目后的两年内，欺凌问题减少了50%或更多。总体而言，学生遭受直接欺凌（遭到相对公开的攻击）、间接欺凌（被孤立和排斥在群体之外，非自愿孤独）和欺凌他人的情况都减少了。这些结果同时适用于男生和女生，以及研究涉及的各年级（4~9年级）学生。
- 实施干预项目两年的效果比一年更显著。
- 欺凌行为没有从校内"转移"到上学和放学的路上。上下学路上的欺凌事件在项目实施后有所减少或无变化。
- 项目实施后，学生一般的反社会行为也明显减少，如破坏公物、打架、盗窃、酗酒和逃学等。
- 我们可以看到班级的"社交氛围"在各个方面都有明显改善。秩序和纪律得到提高，人际关系更加正向，学生对校方工作和学校的态度更加积极。
- 干预项目不仅影响了已经存在的欺凌问题，还大大减少了新出现的受欺凌者数量（和百分比）[84]。
- 学生对学校生活的满意度也有提高。

· 简要总结

干预项目的效果是非常显著的,特别是相较于此前一些相对不成功的、想要系统性减少儿童和青少年时期攻击和反社会行为的尝试[85]。

在过去的几十年里,大多数工业化国家中,反社会行为、暴力和其他犯罪行为的发生率都出现了令人不安的增长。这一事实也突出了上述结果的重要性。例如,在斯堪的纳维亚国家,自20世纪50年代以来,官方记录的各种形式的犯罪行为增加了400%~600%(增长的原因不能解释为检测犯罪行为的标准变严)。

正如本书第一章所述,我们可以估计,在1983年,挪威学校中大约有80 000名学生卷入欺凌问题。根据报告结果,可以得出以下结论:如果挪威所有的中小学都按照卑尔根研究中的方法执行干预措施,那么在相对短的时间内,卷入欺凌问题的学生将减少到40 000名或更少。

有效推行干预项目可能会改善课堂纪律、班级和学校的社交氛围;也有可能减少破坏、酗酒、盗窃和其他反社会行为的出现,为社会节省大量的金钱。该项目的引入也会提升学生对校园生活的满意度,改善班级和学校的社交环境。

· 基本原则

在描述过干预项目及其部分成果后，下面将简要介绍其基本原则和主要的子目标。介绍的过程中，有必要重复一些已经出现过的信息，不过是从另一个角度阐述。

干预项目是围绕一套关键原则制定的，主要源自对相关问题行为，特别是攻击性行为的发展和矫正的研究。我们认为，重要的是努力创设一种校园环境（理想情况下，还有家庭环境），一方面以温暖、积极关注和成年人的参与为特征，另一方面需要对不可接纳的行为进行严格限制，同时在学生违反限制和规则的情况下，应始终采用非敌意、非体罚的惩罚手段。后两项原则中暗含着对学生校内外活动一定程度上的监视和监督[86]。最后，成年人至少应该在某些方面发挥权威作用。

前三条原则在很大程度上与我们研究中发现的、容易让孩子形成攻击性反应模式的育儿方式（见第39页）截然相反。后者的特征是主要养育者态度消极，对孩子放任并缺乏明确的限制，以及使用暴力专断的方法教育孩子。论及成年人的作用，干预项目的基础是适用于学校环境的权威型（注：不是专制）成人—儿童互动模式[87]。

上述原则可以被转化为一些具体的措施，应用于学校、班级和个体层面（概述见第64~65页）。本书的第二章详细论述了这些措施。

在实施和执行方面，项目主要基于对现有人际关系的利用：教师和其他教职工、学生及家长间的关系。由此可见，"非专家"人士在理想的社交环境重建过程中发挥着重要作用，而学校心理咨询师、学校顾问和社会工作者等"专家"，则作为规划者和协调者为教师家长提供咨询，并在处理更严重的事件时发挥着重要作用。

·其他特点

通过对以下4个主要子目标的简要描述，我们可以进一步了解该项目的情况：

目标1：提高对欺凌问题的意识，增进对该问题的了解，包括消除对欺凌问题及其原因的一些迷思。使用"欺凌者/受欺凌者问卷"进行匿名调查是关键的一步，可以了解特定学校中欺凌问题的发生频率和性质等更具体的情况。

目标2：实现教师和家长的积极参与。积极参与意味着成年人也必须认识到，他们有责任在一定程度上引导孩子们在学校中的行为。方法之一是在休息时间进行足够的监督。此外，教师应对可能发生的欺凌事件进行干预，并向学生发出明确无误的信息：在我们的班级/学校里，不接受欺凌行为。我们也强烈建议教师在发现班级中的欺凌问题时，与受欺凌者和欺凌者及双方家长进行严肃谈话。谈话中需要强调的基本原则依然是：我们不容忍班级/学校中发生的欺凌行为，确保会将其终止。校方的这种干预必须伴随定期的回访和密切监督，否则对受欺凌者来说，情况可能会变得比干预前更糟。

目标3：制定明确的反欺凌规则，如第82~86页讨论的班规（"我们不应该欺凌其他同学""我们应尽力帮助受欺凌的同学""我们要特别注意让那些容易被忽视的学生也参与进来"）。这样一套规则也可以作为班级讨论的基础，在具体的情况下与学生们讨论什么是欺凌，应该对违反规则的学生采用什么样的惩罚措施。在班会（"社交时间"）上，教师应该时常从班规出发考量学生的行为。重要的是，在有学生违反规则的情况下，教师要使用一贯的惩戒手段（某种形式下非敌意、非体罚的惩戒），但也要在学生遵守规则时不吝表扬。

目标4：为受欺凌者提供支持和保护。学生们如果能遵守反欺凌的班规，它肯定能为那些潜在的受欺凌者提供支持。此外，教师可以向"中立"或机敏的学生寻求帮助，以各种方式改善受欺凌者的处境；同时，我们鼓励教师发挥共情能力，帮助受欺凌的学生在班级中维护立场，提高他们在同学眼中的价值感。受欺凌者的父母要帮助孩子建立新的同伴关系，详细指导他们如何结识新朋友、维持友谊。

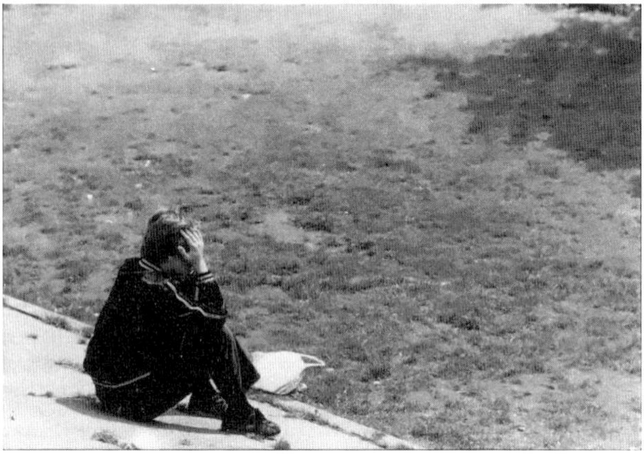

第四章 其他实用建议和核心措施

核心措施十分重要，
是根据已有研究提炼出的
最佳建议。

在针对欺凌问题的干预项目中，可能包含的措施相当多。我们的研究和经验表明，其中的某些部分相较于其他部分，在帮助项目取得成效方面发挥着更关键的作用[88]。因此在下文中，我将具体阐述一套有效的反欺凌项目中"核心"的组成部分（措施）。对这些措施进行具体阐述，意味着它们特别重要，理应被包含在所有推行该项目的实践中。但这绝不等于本书第二部分中的其他措施是无用的。这些措施都很有效，其中一些很容易以较低的成本与核心措施结合执行。

还应强调的是，后文列出的核心措施多多少少仍是探索性的。准确辨识在不同条件下哪些措施特别有效甚至必不可少，是一项困难而烦琐的工作。更多的统计分析以及后续不同情况下的实践经验，可能会导致这份清单的补充或修改。尽管如此，这已是我们在目前的知识水平下，提炼出的最佳建议。

由于下文要讨论的各种措施在前文已有详细论述，所以在此只做简要提及。

不过，我们先要讨论几个实践层面的问题。

·校长的支持和协调小组的创建

当学校有兴趣推行干预项目时，如果这不是出于校长本人的倡议，那么首先必须获得校长或教导主任的支持（也许还包括其他处于重要决策地位的人）。如果能争取到这种支持，可能会大大促进整个项目的进展。不过，即使校长不愿意在学校推行此项目，个别教师仍然有可能在自己的班级里实施项目的部分内容。感兴趣的教师之间也可以达成非成式的协定，以此在学校层面推行一些措施。在下面的内容中，我是以校长支持该项目为前提展开论述的。

学校计划引入该项目时，最好先成立一个小组或委员会，负责处理项目各阶段的实施工作。这个小组还可以承担某些实际安排的任务（见下文）。其中一项重要任务是向相关目标群体反馈干预工作的进展和进程中可能出现的问题。小组的成员可以是学校心理辅导师、学校顾问，或者是教师、学生和家长代表。成立这样一个小组很可能会帮助项目更有效地实施，并确保反欺凌工作的一致性和持久性。

·认知和参与

正如本书第二章（第67~69页）所述，成功干预的两个重要先决条件是教师的认知和积极参与。为了实现这两者，一个简单且通常有效的方法是：在学生中进行一次有关欺凌问题的匿名问卷调查。处理完调查问卷的数据后，应该在学校关于欺凌问题的会议上展示调查结果（第71页）。最好也能让学生家长知道调查结果，例如在家长会上告知（"学校层面"见第76~78页，"班级层面"见第95~97页）。除了提供有关学校中欺凌问题的一些具体信息外，问卷调查以及对合适对策的讨论，都可以引导成年人的参与，并使之对所决定的计划做出某种程度的集体承诺。成年人的认知和积极参与是项目的核心。

尽管可以通过几种不同的方式来提高人们对欺凌问题的认识和参与积极性，但上述建议的手段——匿名调查、校级专题会议和家长会，是简单且通常有效的措施，也可以被视为项目的基本组成部分。

上述所有措施是否同等重要？我认为家长会的重要性可能要弱一些。尽管争取家长对干预计划的普遍支持非常可取（并且在大多数班级欺凌的案例中，这种支持非常必要），但当家长不直接参与项目时，学校也能自行实现重大的积极变化。这意味着，与家长建立项目相关的合作显然是一个理想的目标，但未必需要将其视为项目的核心组成。

·在课间休息和午休时间充分监督

学校层面上，一项非常重要的措施是课间休息和午休时间的监督。我们已经证实，大多数欺凌行为发生在休息时间。课间休息时，老师占比较大的学校，欺凌问题的发生概率较低（第 23 页）。因此，在休息时间提供充分的成年人监督，并建立关于欺凌事件的信息交流机制，必须被视为项目的核心部分。这一措施应向学生传达的基本信息是：我们不接受校园欺凌行为，会终止欺凌。

·班规和班会

关于班级层面的措施，我们的研究表明，制定反欺凌的班规和定期召开班会、进行后续讨论十分重要：那些实施干预项目后欺凌问题大幅减少的班级，比变化较小或无变化的班级更大程度地推行了这些措施[89]。因此，我认为制定班级规则（第 82~86 页）和定期举行班会（第 89~90 页）是干预项目的核心部分。应该注意的是，制定班规和举行班会的活动中，应包括以下环节：向学生说明欺凌的含义，讨论与欺凌有关的行为准则，以及使用恰当的惩罚措施。

·与相关学生及其家长的谈话

个体层面上,在确认欺凌事件后,与受欺凌者及欺凌者进行严肃的谈话(第98~101页)是绝对必要的,这也是项目的核心部分。此外,还应该与相关学生的家长进行严肃谈话(第101~102页)。至少在问题具有一定严重性时,这样的谈话,加之家校间的合作协议,是项目的核心部分。

此外,教师和家长运用他们的知识和共情能力,帮助受欺凌者和欺凌者在学校内外更好地相处和生活,是非常可取的。干预项目的主要目标是尽可能减少现有的欺凌问题,并防止新问题的产生(第66页)。因此,尽管从短期和长期角度来看,努力实现上述教师和家长方面的目标非常重要,但对于干预项目的主要目标来说,它们略次一级。我认为教师和家长按照这些思路所做的努力非常有效,但也许不是项目的核心组成部分。

下面的概述对前文的讨论进行了总结。带两个加号的措施被认为是干预项目中特别重要的"核心部分",带一个加号则表示该措施是"非常可取"的建议。

核心项目概述

一般先决条件

　　　++ 成年人的认知和参与

学校层面的措施

　　　++ 问卷调查

　　　++ 校级专题会议

　　　++ 在课间休息和午休时间加强监督

　　　+ 家长会

班级层面的措施

　　　++ 反欺凌班规

　　　++ 常规班会

个体层面的措施

　　　++ 与欺凌者和受欺凌者进行严肃谈话

　　　++ 与涉及欺凌问题的学生家长进行严肃谈话

　　　+ 教师和家长运用共情能力

　　需要强调的是，这个核心项目在许多方面都代表了英文文献中有时被称为"全校性反欺凌策略"的策略性手段。它包括一套处理学校现有和未来欺凌问题的流程、规则以及沟通、行动上的策略（但具体流程在实操中可能因学校而异）。在我看来，每所学校都应该有这样的项目，不仅是为了应对已经存在的问题，更重要的目的是防止这些问题恶化。通过这种方式，学校可以在问题发展到令人担忧的程度前，将其扼杀在萌芽阶段。

结语

总而言之,现在有很多关于学校欺凌问题的讨论。正如本书所论证的那样,我们的研究所展示的一系列手段能够非常有效地抵制和预防欺凌问题的发生*。因此,成年人的意愿和参与度,二者决定着我们的学校中会发生多少欺凌事件。

本书第一章所描述的情况对学校政策制定者、中央和地方教育机构、教师、家长、学生及其组织来说,都是一个相当大的挑战。我们的社会有多大意愿去改变这种让许多学生如此痛苦的现实,使之朝着更积极的方向发展?

---

* 最近关于校园欺凌问题的英文文献提出了很多应对该问题的举措。然而,几乎没有任何一项举措经过了科学评估,因此很难知道它们的效果如何。——作者注

考虑到这个问题，有一件事必须明确：不能再以缺乏认知为借口，不去处理校园欺凌问题了。而且正如本书所示，采用很简单的方法就可以取得可观的成效！

致谢

拙著《欺凌——我们所知道的和我们能做的》1986年以瑞典语出版，是本书第一章和第二章的基础；在此之上，我进行了几处增补和一些改动。第三章和第四章是专为本书撰写的。

正如《欺凌——我们所知道的和我们能做的》所述，该书在某种程度上基于《欺凌——背景和措施》中的结论，后者是我与罗兰教授共同撰写的著作。针对那本著作的修正和补充，详见瑞典版第7页。

我要感谢奥瑟·迈耶、本特·哈克特森、特里德·彼德森和塞尔玛·克拉夫特，他们在不同阶段帮我反复录入、整理现有的文稿。我还要感谢弗朗索瓦·阿尔萨克博士，她协助我对本书第三章所述的内容进行了统计分析，她和巴利·施耐德博士还对文稿的某些部分提出了宝贵的意见。

这本书的写作极大得益于纽约的威廉·T.格兰特基金会的资助，对此我非常感激。

还要感谢卑尔根大学心理学系，免除了我在很长一段时间里的种种常规教学任务。此外，感谢挪威教育部、挪威社会研究委员会和瑞典社会研究代表团为书中不同阶段的研究提供资金支持。书里的一些想法是我在美国斯坦福大学行为科学高级研究中心担任研究员期间提出的。感谢卑尔根大学、斯宾塞基金会、挪威社会研究委员会和行为科学高级研究中心，在我于斯坦福工作的一年里所提供的财政支持。

最后，我要衷心感谢我的妻子基利琪，为我慷慨地奉献了自己的时间。

1992 年 12 月于卑尔根

丹·奥维尤斯

* 书中所有照片均已得到伦敦摄影师萨利和理查德·格林希尔的授权。

注释

以下内容采用"著者/作品—出版年制"格式编排,对应文献完整信息参阅第142~150页。

1. Olweus, 1973a and 1978
2. Heinemann 1972; Olweus, 1973a
3. 其他相关综述,参见 Farrington, in press; Skinner 1992; Besag 1989; Elliott 1991; Smith & Thompson 1991
4. Heinemann 1972; Olweus 1973a
5. Olweus 1986 and 1991
6. Olweus 1973b
7. Olweus 1985
8. Olweus 1986
9. Lagerspetz *et al.* 1982
10. Smith 1991; Whitney & Smith 1993
11. Perry *et al.* 1988

12. Ziegler & Rosenstein-Manner 1991

13. Haeselager & van Lieshout 1992

14. Hirano 1992

15. O'Moore & Brendan 1989

16. Ruiz 1992

17. Rigby & Slee 1991

18. Olweus 1986

19. Whitney & Smith 1993

20. 有关问卷的挪威语、瑞典语等文字概述，参见 Raundalen & Raundalen 1979; Pikas 1975

21. Olweus 1973a and 1978

22. Lagerspetz *et al*. 1982; Olweus 1978

23. Maccoby & Jacklin 1974 and 1980; Ekblad & Olweus 1986

24. Maccoby 1986

25. Lagerspetz *et al*. 1982

26. 例如 Rutter 1983

27. Olweus 1977 and 1978

28. Olweus 1979

29. Olweus 1983

30. Olweus 1978; Haeselager & van Lieshout 1992

31. Olweus, unpublished a

32. Olweus 1973a and 1978

33. Olweus 1973a and 1978

34. 但可参见 Olweus 1978, ch. 6

35. Junger 1990

36. 例如 Olweus 1973a and 1978; Bjorkqvist *et al.* 1982; Lagerspetz *et al.* 1982; Boulton & Smith, in press; Perry *et al.* 1988; Farrington, in press

37. Olweus 1978

38. Olweus 1973a and 1978

39. Olweus, unpublished b and 1993

40. 另见 Schwartz *et al.*, in press

41. Olweus 1973a and 1978

42. Olweus 1978

43. 来自作者在瑞典的研究，见 Olweus 1993

44. Olweus 1973a and 1978; Björkvist *et al.* 1982; Lagerspetz *et al.* 1982

45. Olweus 1978

46. Olweus 1981 and 1984; 另见 Pulkkinen & Tremblay 1992

47. Olweus 1973a and 1978

48. Olweus 1973a and 1978; Björkqvist *et al.*1982; Lagerspetz *et al.* 1982; Pulkkinen & Tremblay 1992

49. 另见 Cairns *et al.* 1988

50. Olweus, unpublished c

51. 另见 Patterson, Littman & Bricker 1967

52. 例如 Bandura 1973

53. 例如 Loeber & Dishion 1983; Magnusson *et al.* 1983

54. Olweus 1973a and 1978

55. Lagerspetz *et al*. 1982

56. Olweus, unpublished c

57. Olweus 1978

58. Olweus 1980; Loeber & Stouthamer-Loeber 1986

59. Patterson 1982; Patterson & Stouthamer-Loeber 1984

60. Emery 1982

61. Olweus 1978 and 1981

62. Olweus 1980

63. 但可参见 Olweus 1993

64. 更多详细的论述，见 Olweus 1973a and 1978

65. Pearl *et al*.1982; Eron & Huesmann 1986

66. Olweus 1980 and 1984

67. Olweus 1977 and 1978

68. *Mobbing* 1983

69. 例如 Skinner 1992

70. Patterson *et al*. 1975; Patterson 1982; Walker *et al*. 1976

71. Olweus 1979; Loeber & Dishion 1983; Magnusson *et al*. 1983; Robins 1978

72. Glasser 1969; Nissen 1979

73. Olweus 1978

74. Johnson *et al*. 1983

75. Johnson *et al*. 1984

76. Slavin 1983

77. *Mobbing* 1983

78. Lgr 80, s. 25

79. Strain 1981

80. *Tildeg som bar barni skolen* 1983

81. *Mobbing* 1983

82. Manger & Olweus 1985

83. 例如 Olweus 1991 and 1992; Olweus and Alsaker 1991

84. Olweus 1989 and 1992; Cowen 1984

85. Dumas 1989; Gottfredson 1987; Kaz-din 1987

86. Patterson 1986

87. 可参考 Baumrind 1967

88. 例如 Olweus & Alsaker 1991

89. Olweus & Alsaker 1991

参考文献

Bandura, A. (1973). *Aggression: A social learning analysis.* Englewood Cliffs, N.J.: Prentice-Hall.

Baumrind, D. (1967). Child care practices anteceding three patterns of preschool behavior. *Genetic Psychology Monographs, 75,* 43–88.

Besag, V. (1989). *Bullies and victims in schools.* Milton Keynes: Open University Press.

Björkqvist, K., Ekman, K., & Lagerspetz, K. (1982). Bullies and victims: Their ego picture, ideal ego picture and normative ego picture. *Scandinavian Journal of Psychology, 23,* 307–13.

Boulton, M.J. & Smith, P.K. (in press). Bully/victim problems among middle school children: Stability, self-perceived competence, and peer acceptance. *British*

Journal of Developmental Psychology.

Cairns, R.B., Cairns, B.D., Neckerman, H.J., Gest, S.D., and Gariepy, J.L.(1988). Social networks and aggressive behavior: Peer support or peer rejection? *Developmental Psychology, 24,* 815–23.

Cowen, E. L. (1984). A general structural model for primary program development in mental health. *Personnel and Guidance Journal, 62,* 485–90.

Dumas, J.E. (1989). Treating antisocial behavior in children: Child and family approaches. *Clinical Psychology Review, 9,* 197–222.

Ekblad, S. & Olweus, D. (1986). Applicability of Olweus' aggression inventory in a sample of Chinese primary schoolchildren. *Aggressive Behavior, 12,* 315–25.

Elliott, M. (Ed.). (1991). *Bullying: A practical guide to coping for schools.* Harlow: Longman.

Emery, R.E. (1982). Interparental conflict and the children of discord and divorce. *Psychological Bulletin, 92,* 310–30.

Eron, L.D. & Huesmann, L.R. (1986). The role of television in the development of prosocial and antisocial behavior. In D. Olweus, J. Block, &M. Radke-Yarrow (Eds.), *Development of antisocial and prosocial behavior.* New York: Academic Press.

Farrington, D. (in press). Understanding and preventing bullying. In M. Tonry & N. Morris (Eds.), *Crime and Justice, Vol. 17.* Chicago: University of Chicago Press.

Glasser, W. (1969). *Schools without failure.* New York: Harper & Row.

Gottfredson, G.D. (1987). Peer group interventions to reduce the risk of delinquent behavior: A selective review and a new evaluation. *Criminology, 25*, 187–203.

Haeselager, G.J.T. & van Lieshout, C.F.M. (1992, September). *Social and affective adjustment of self-and peer-reported victims and bullies.* Paper presented at the European Conference on Developmental Psychology, Seville, Spain.

Heinemann, P.P. (1972). *Mobbning-gruppvåld bland barn och vuxna.* Stockholm: Natur och Kultur.

Hirano, K. (1992, September). *Bullying and victimization in Japanese classrooms.* Paper presented at the European Conference on Developmental Psychology, Seville, Spain.

Johnson, D.W., Johnson, R.T., & Maruyama, G. (1983). Interdependence and interpersonal attraction among heterogeneous and homogeneous individuals: A theoretical formulation and a meta-analysis of the research. *Review of Educational Research, 52*, 5–54.

Johnson, D.W., Johnson, R.T., Holubec Johnson, E., & Roy, P. (1984). *Circles of learning.* Virginia: ASCD.

Junger, M. (1990). Intergroup bullying and racial harassment in the Netherlands. *Sociology and Social Research, 74*, 65–72.

Kazdin, A.E. (1987). Treatment of antisocial behavior in children: Current status and future directions. *Psychological Bulletin, 102*, 187–203.

Lagerspetz, K.M., Bjorkqvist, K., Berts, M., & King, E. (1982). Group aggression among school children in three schools. *Scandinavian Journal of*

Psychology, 23, 45–52.

Loeber, R. & Dishion, T. (1983). Early predictors of male delinquency: A review. *Psychological Bulletin, 94*, 69–99.

Loeber, R. & Stouthamer-Loeber, M. (1986). Family factors as correlates and predictors of conduct problems and juvenile delinquency. In M. Tonry & N. Morris (Eds.), *Crime and Justice, Vol. 7*. Chicago: University of Chicago Press.

Maccoby, E.E. (1986). Social groupings in childhood: Their relationships to prosocial and antisocial behavior in boys and girls. In D. Olweus, J. Block, & M. Radke-Yarrow (Eds.), *Development of antisocial and prosocial behavior*. New York: Academic Press.

Maccoby, E.E. & Jacklin, C.N. (1974). *The psychology of sex differences*. Stanford, Calif.: Stanford University Press.

_____ (1980). Sex differences in aggression: A rejoinder and reprise. *Child Development, 51*, 964–80.

Magnusson, D., Stattin, H., & Dunér, A. (1983). Aggression and criminality in a longitudinal perspective. In K.T. Van Dusen & S.A. Mednick (Eds.), *Prospective studies of crime and delinquency*. Boston: Kluwer-Nijhoff.

Manger, T. & Olweus, D. (1985). Tilbakemelding til skulane. *Norsk Skoleblad* (Oslo, Norway), No. *35*, 20–2.

Mobbing. Scener fra barns hverdag (Bullying. Scenes from the everyday lives of two bullied children.) (1983). Videocassette originally produced by VIDA and the Norwegian Ministry of Education.

Nissen, P. (1979). *Involveringspedagogikk*. Copenhagen: Gyldendal.

Olweus, D. (1973a). *Hackkycklingar och översittare. Forskning om skolmobbning.* Stockholm: Almqvist & Wicksell.

____ (1973b). Personality and aggression. In J.K. Cole & D. D. Jensen (Eds.), *Nebraska Symposium on Motivation 1972.* Lincoln: University of Nebraska Press.

____ (1977). Aggression and peer acceptance in adolescent boys: Two short-term longitudinal studies of ratings. *Child Development, 48*, 1301–13.

____ (1978). *Aggression in the schools. Bullies and whipping boys.* Washington, D.C.: Hemisphere Press (Wiley).

____ (1979). Stability of aggressive reaction patterns in males: A review. *Psychological Bulletin, 86*, 852–75.

____ (1980). Familial and temperamental determinants of aggressive behavior in adolescent boys: A causal analysis. *Developmental Psychology, 16*, 644–60.

____ (1981). Bullying among school-boys. In N. Cantwell (Ed.), *Children and violence.* Stockholm: Akademilitteratur.

____ (1983). Low school achievement and aggressive behavior in adolescent boys. In D. Magnusson & V. Allen (Eds.), *Human development. An interactional perspective.* New York: Academic Press.

____ (1984). Aggressors and their victims: Bullying at school. In N. Frude & H. Gault (Eds.), *Disruptive behavior in schools.* New York: Wiley.

____ (1985). 80.000 barn er innblandet i mobbing. *Norsk Skoleblad* (Oslo, Norway), No. *2*, 18–23.

____ (1986). *Mobbning–vad vi vet och vad vi kan göra.* Stockholm: Liber.

____ (1989). Prevalence and incidence in the study of antisocial behavior: Definitions and measurement. In M. Klein (Ed.), *Cross-national research in self-reported crime and delinquency.* Dordrecht, The Netherlands: Kluwer.

____ (1991). Bully/victim problems among schoolchildren: Basic facts and effects of a school based intervention program. In D. Pepler & K. Rubin (Eds.), *The development and treatment of childhood aggression.* Hillsdale, N.J.: Erlbaum.

____ (1992). Bullying among schoolchildren: Intervention and prevention. In R.D. Peters, R.J. McMahon, & V.L. Quincy (Eds.), *Aggression and violence throughout the life span.*

____ (1993). Victimization by peers: Antecedents and long-term outcomes. In K.H. Rubin & J.B. Asendorf (Eds.), *Social withdrawal, inhibition, and shyness in childhood.* Hillsdale, N.J.: Erlbaum.

____ (unpublished a). Unpublished data on grades from Greater Stockholm study.

____ (unpublished b). Unpublished interview data from Greater Stockholm study

____ (unpublished c). Unpublished peer rating data from Greater Stockholm study.

Olweus, D. & Alsaker, F.D. (1991). Assessing change in a cohort longitudinal study with hierarchical data. In D. Magnusson, L. Bergman, G. Rudinger, & B. Törestad (Eds.), *Problems and methods in longitudinal research.* New York: Cambridge University Press.

O'Moore, M. & Brendan, H. (1989). Bullying in Dublin schools. *Irish*

Journal of Psychology, 10, 426–41.

Patterson, G.R. (1982). *Coercive family process*. Eugene, Oregon: Castalia Publishing Co.

―― (1986). Performance models for antisocial boys. *American Psychologist*, 41, 432–44.

Patterson, G.R. & Stouthamer-Loeber, M. (1984). The correlation of family management practices and delinquency. *Child Development*, 55, 1299–307.

Patterson, G.R., Littman, R.A., & Bricker, W. (1967). Assertive behavior in children: A step toward a theory of aggression. *Monographs of the Society for Research in Child Development*, 32(5), 1–43.

Patterson, G.R., Reid, J.B., Jones, R.R., & Conger, R.E. (1975). *A social learning approach to family intervention (Vol 1): Families with aggressive children*. Eugene, Oregon: Castalia Publishing Co.

Pearl, D., Bouthilet, L., & Lazar, J. (Eds.) (1982). *Television and behavior. Vol 2*. Washington, D.C.: U.S. Government Printing Office.

Perry, D.G., Kusel, S.J., & Perry, L.C. (1988). Victims of peer aggression. *Developmental Psychology*, 24, 807–14.

Pikas, A. (1975). *Så stopper vi mobbning*. Stockholm: Prisma.

Pulkkinen, L. & Tremblay, R.E. (1992). Patterns of boys' social adjustment in two cultures and at different ages: A longitudinal perspective. *International Journal of Behavioral Development*, 15, 527–53.

Raundalen, T.S. & Raundalen, M. (1979). *Er du på vår side?* Oslo: Universitetsforlaget.

Rigby, K. & Slee, P. (1991). Victims in school communities. *Journal of the Australasian Society of Victimology*, 25–31.

Robins, L.N. (1978). Sturdy predictors of adult antisocial behaviour: Replication from longitudinal studies. *Psychological Medicine, 8*, 611–22.

Ruiz, R.O. (1992, September). *Violence in schools. Problems of bullying and victimization in Spain.* Paper presented at the European Conference on Developmental Psychology, Seville, Spain.

Rutter, M. (1983). School effects on pupil progress: Research findings and policy implications. *Child Development, 54*, 1–19.

Schwartz, D., Dodge, K., & Coie, J. (in press). The emergence of chronic peer victimization in boys' play groups. *Child Development*.

Skinner, A. (1992). *Bullying: An annotated bibliography of literature and resources.* Leicester: Youth Work Press.

Slavin, R.E. (1983). *Student team learning.* Washington, D.C.: National Education Association.

Smith, P. (1991). The silent nightmare: Bullying and victimization in school peer groups. *The Psychologist, 4*, 243–8.

Smith, P.K. & Thompson, D. (Eds.) (1991). *Practical approaches to bullying.* London: David Fulton.

Strain, P.S. (Ed.) (1981). *The utilization of classroom peers as behavior change agents.* New York: Plenum.

Til deg som har barn i skolen (1983). Foreldrebrosjyre (Parent folder). Kirke- og undervisningsdepartementet.

Walker, H.M., Hops, H., & Fiegenbaum, E. (1976). Deviant classroom behavior as a function of combinations of social and token reinforcement and cost contingency. *Behavior Therapy, 7*, 76–88.

Whitney, I. & Smith, P.K. (1993). A survey of the nature and extent of bullying in junior/middle and secondary schools. *Educational Research, 35*, 3–25.

Ziegler, S. & Rosenstein-Manner, M. (1991). *Bullying at school: Toronto in an international context* (Report No. 196). Toronto: Toronto Board of Education, Research Services.

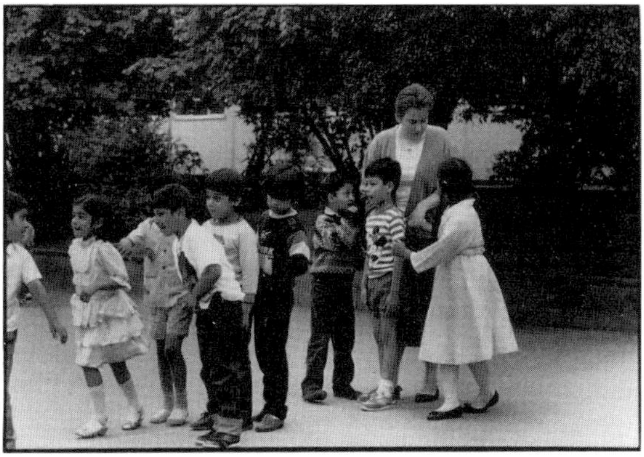